LIVRE DE COLORIAGE PONEY SHETLAND POUR ADULTES

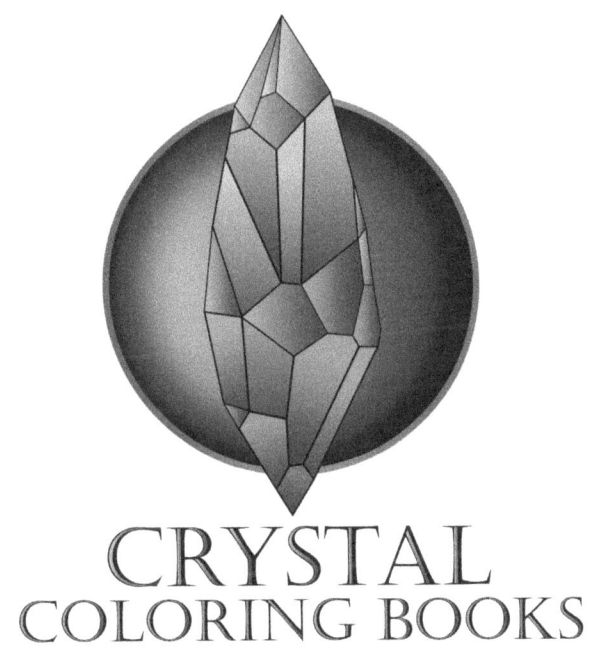

Copyright © 2018 Crystal Coloring Books
Tous les droits sont réservés

ISBN: 9781791588809

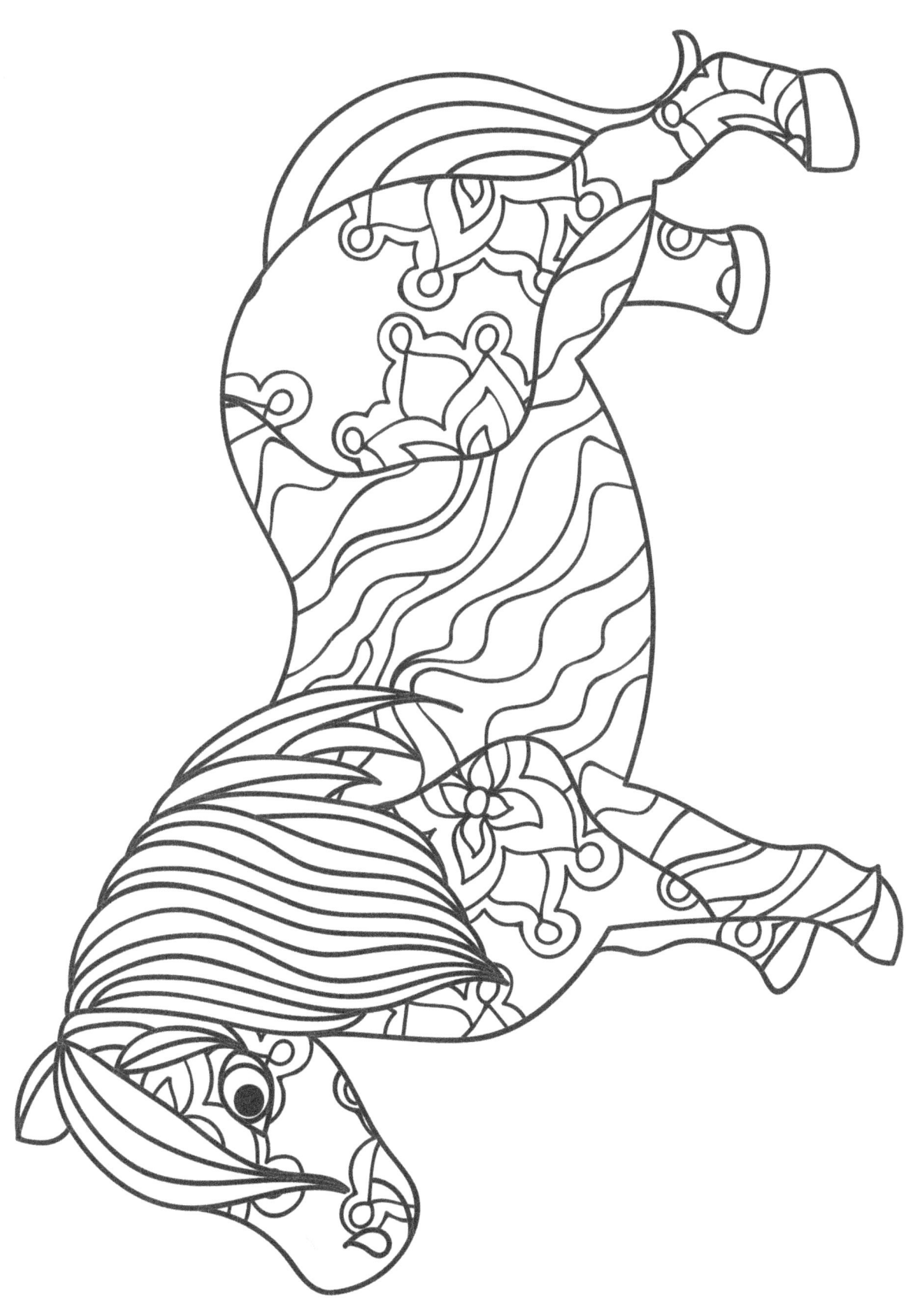

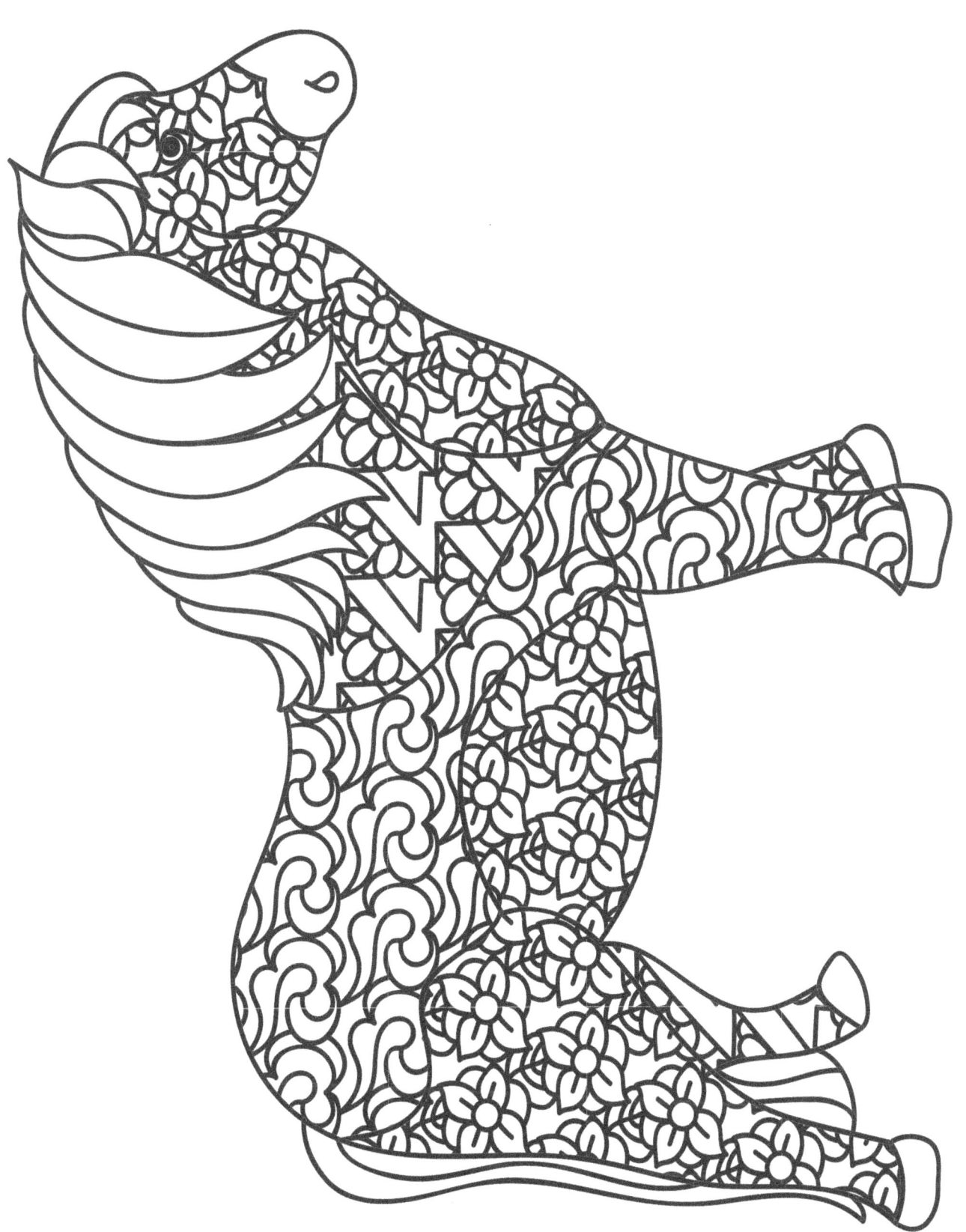

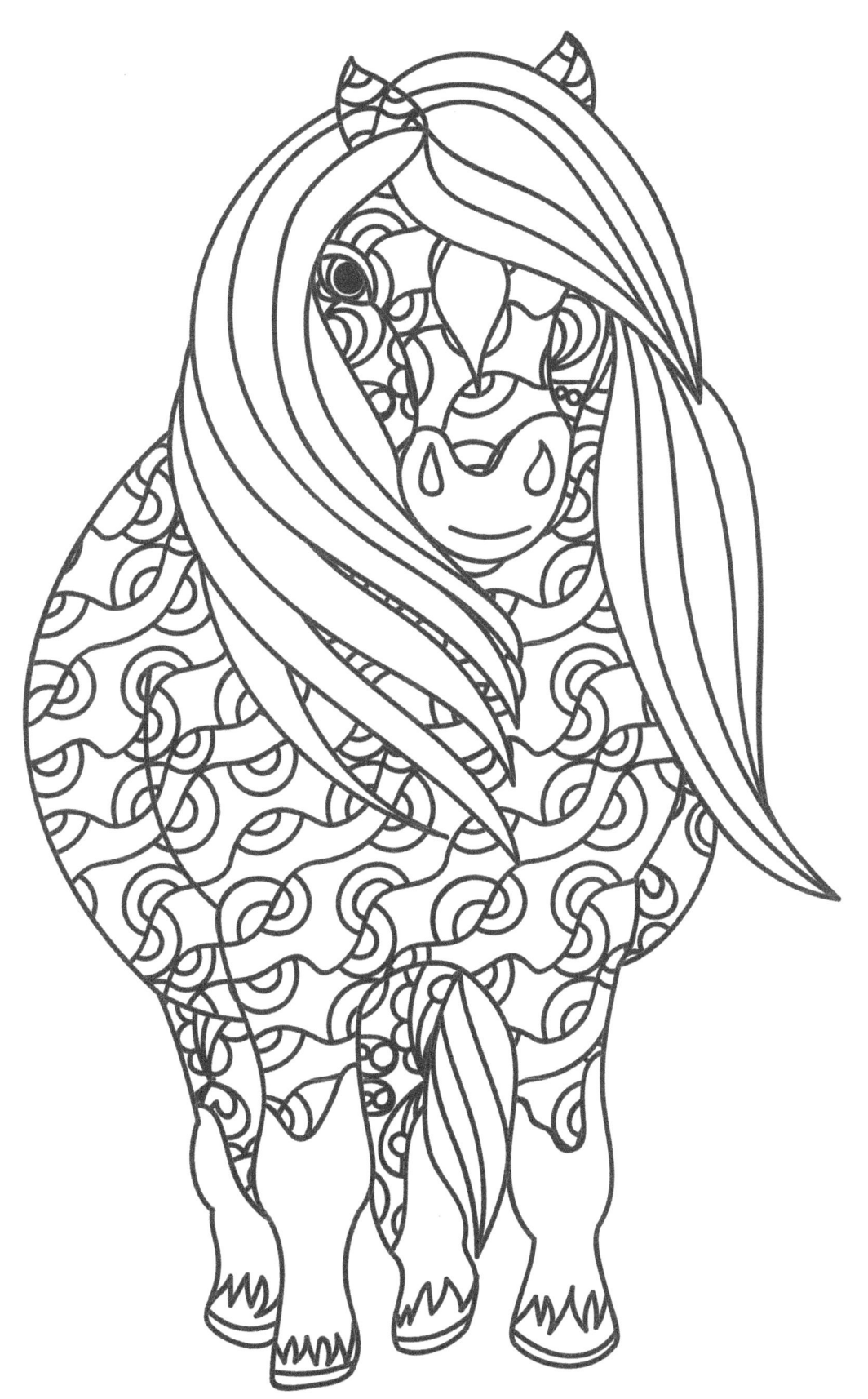

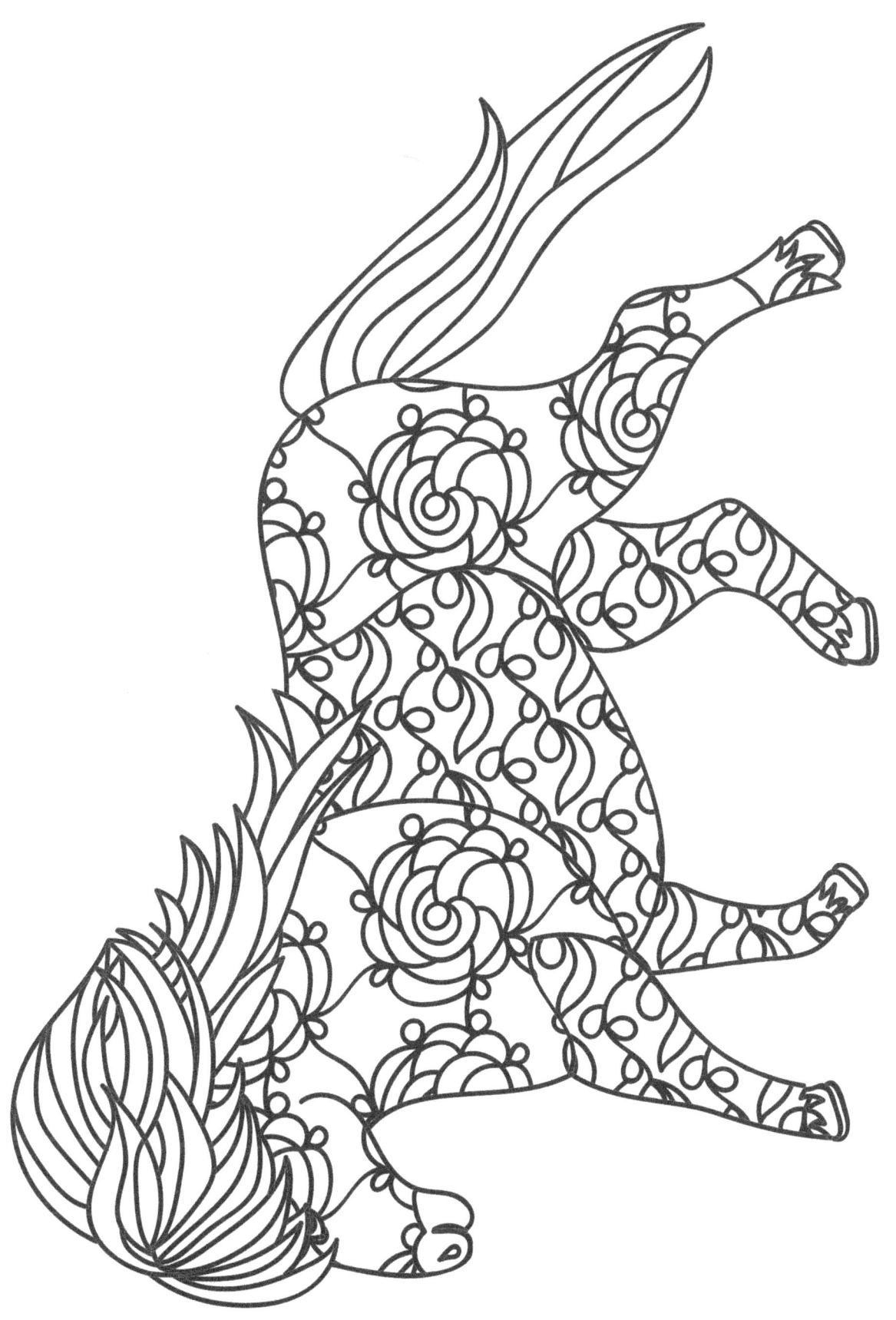

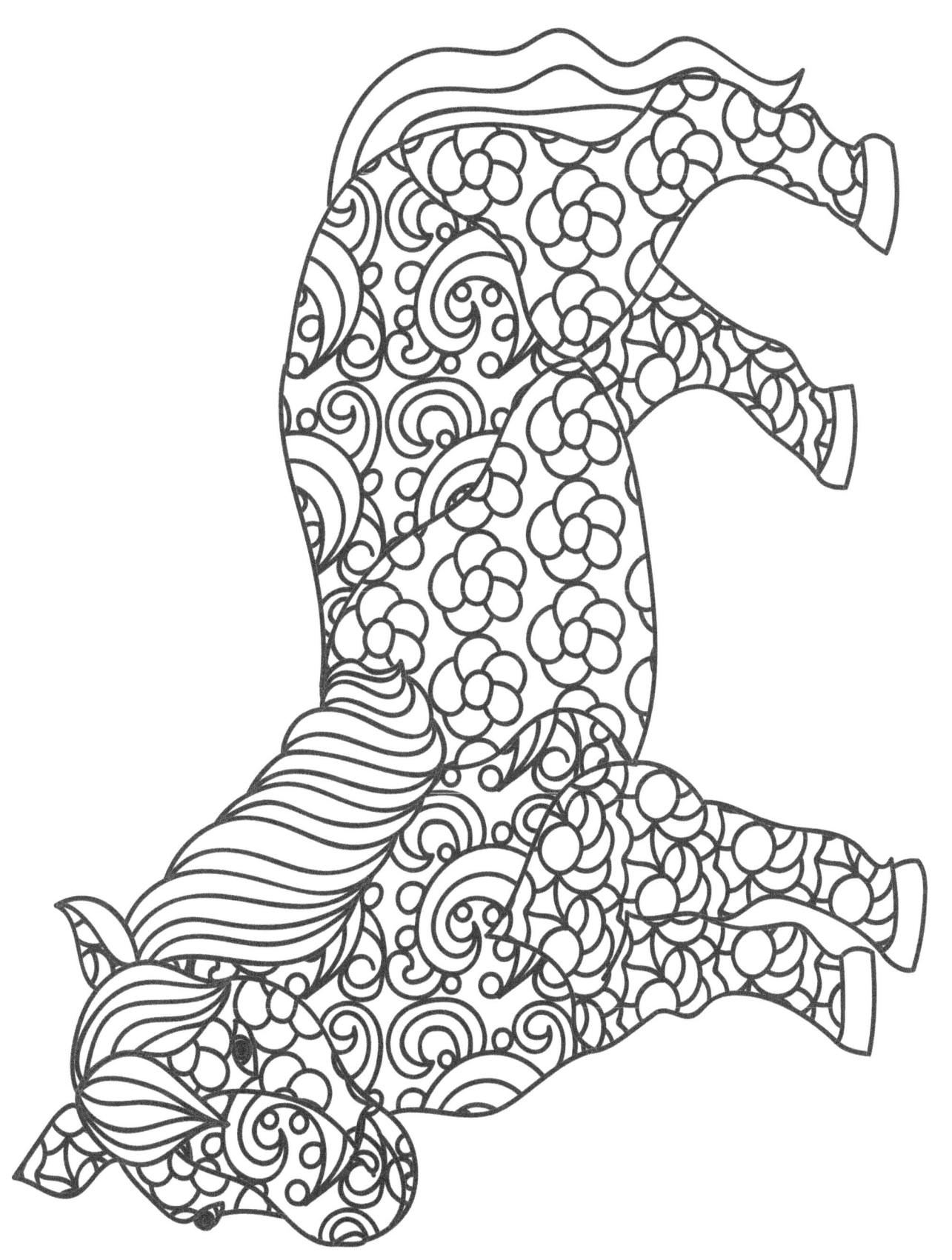

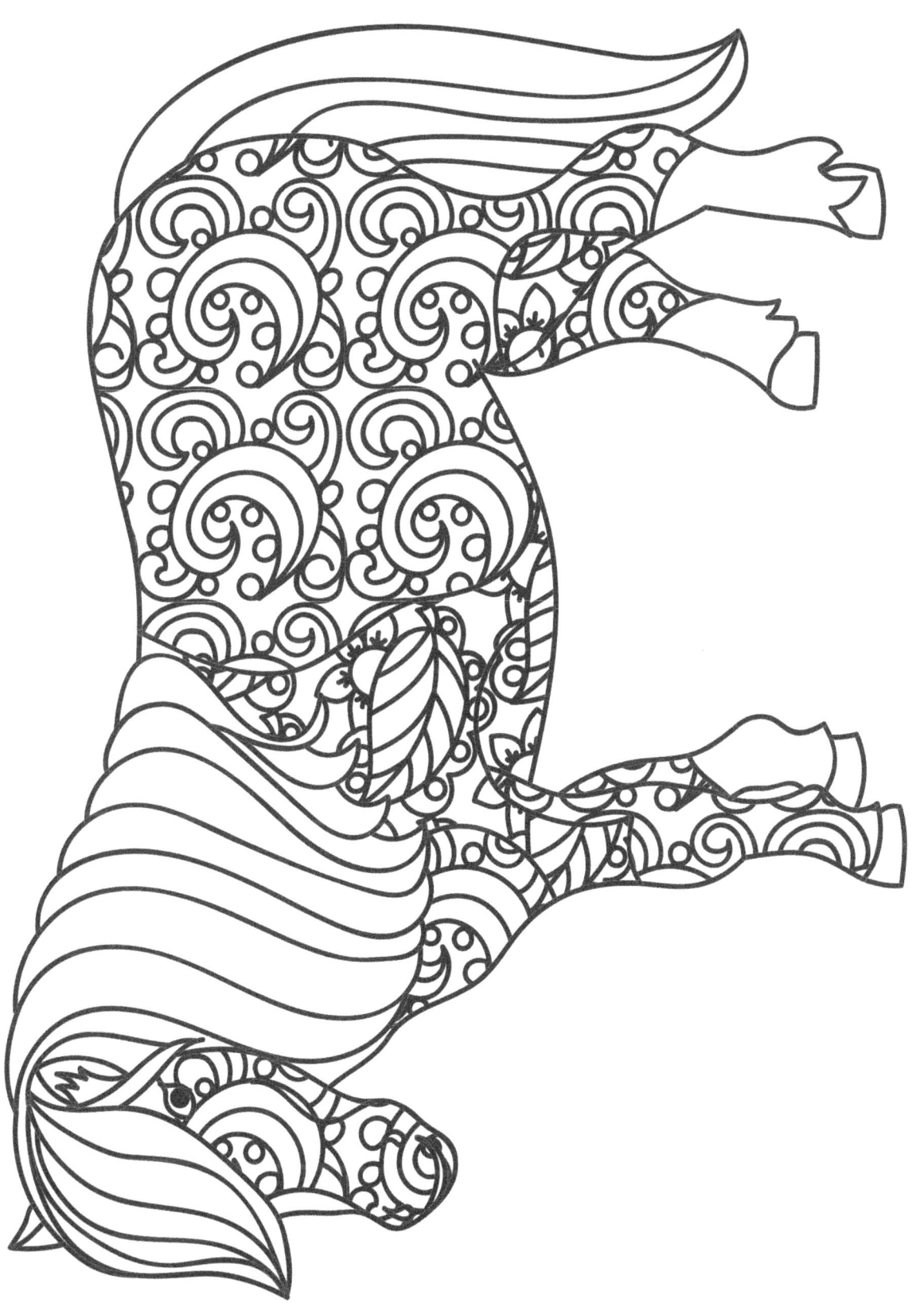

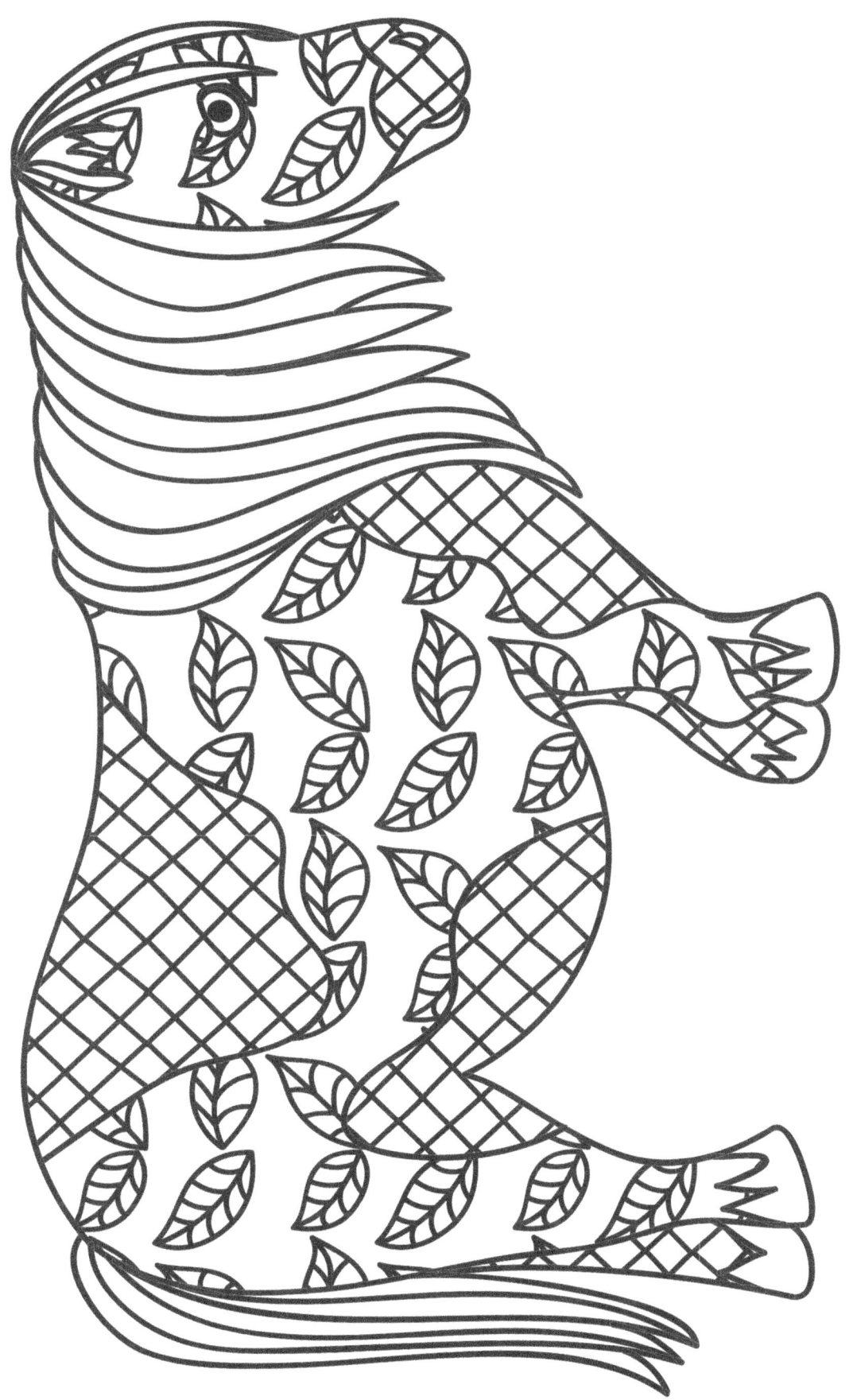

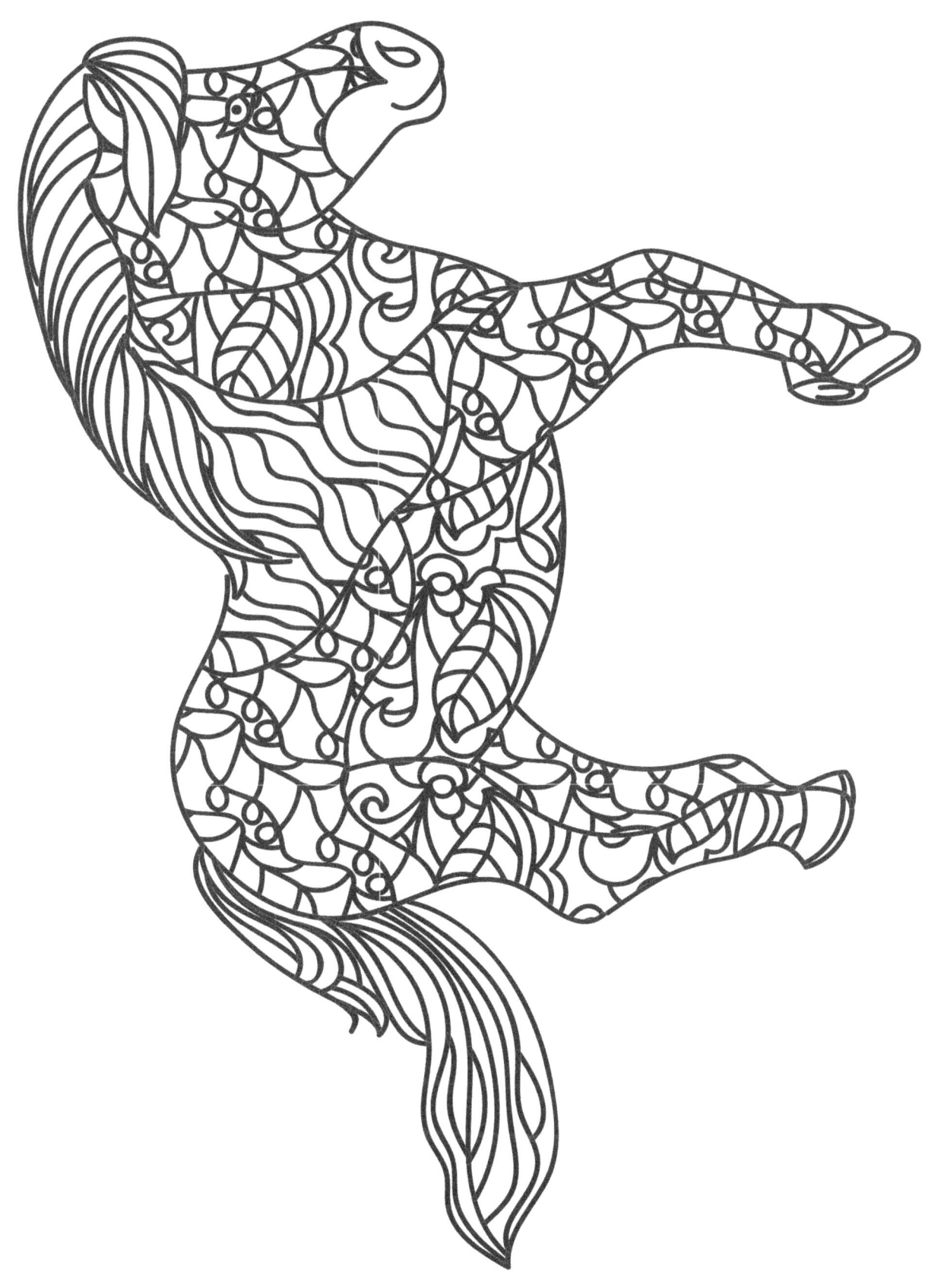

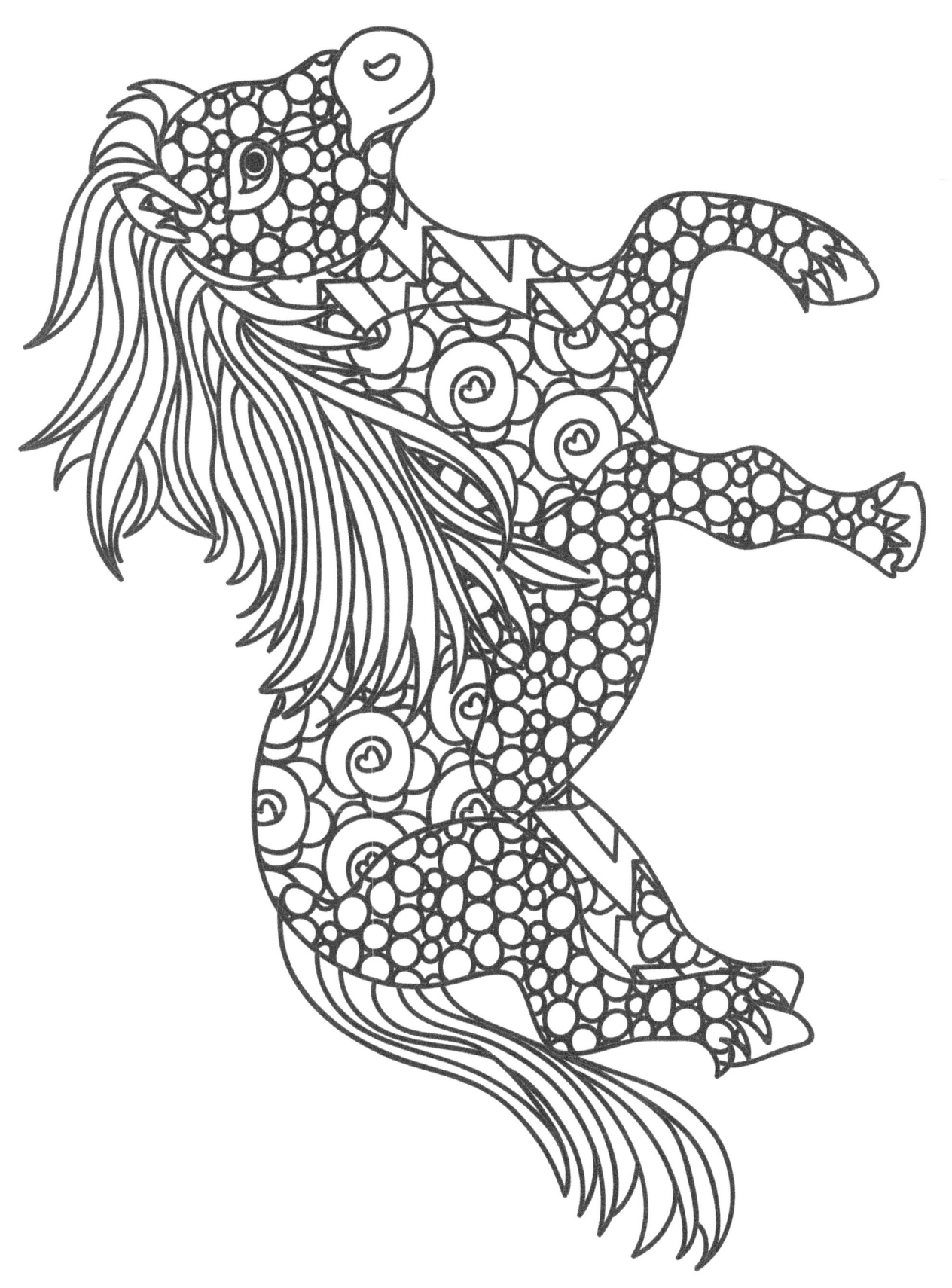

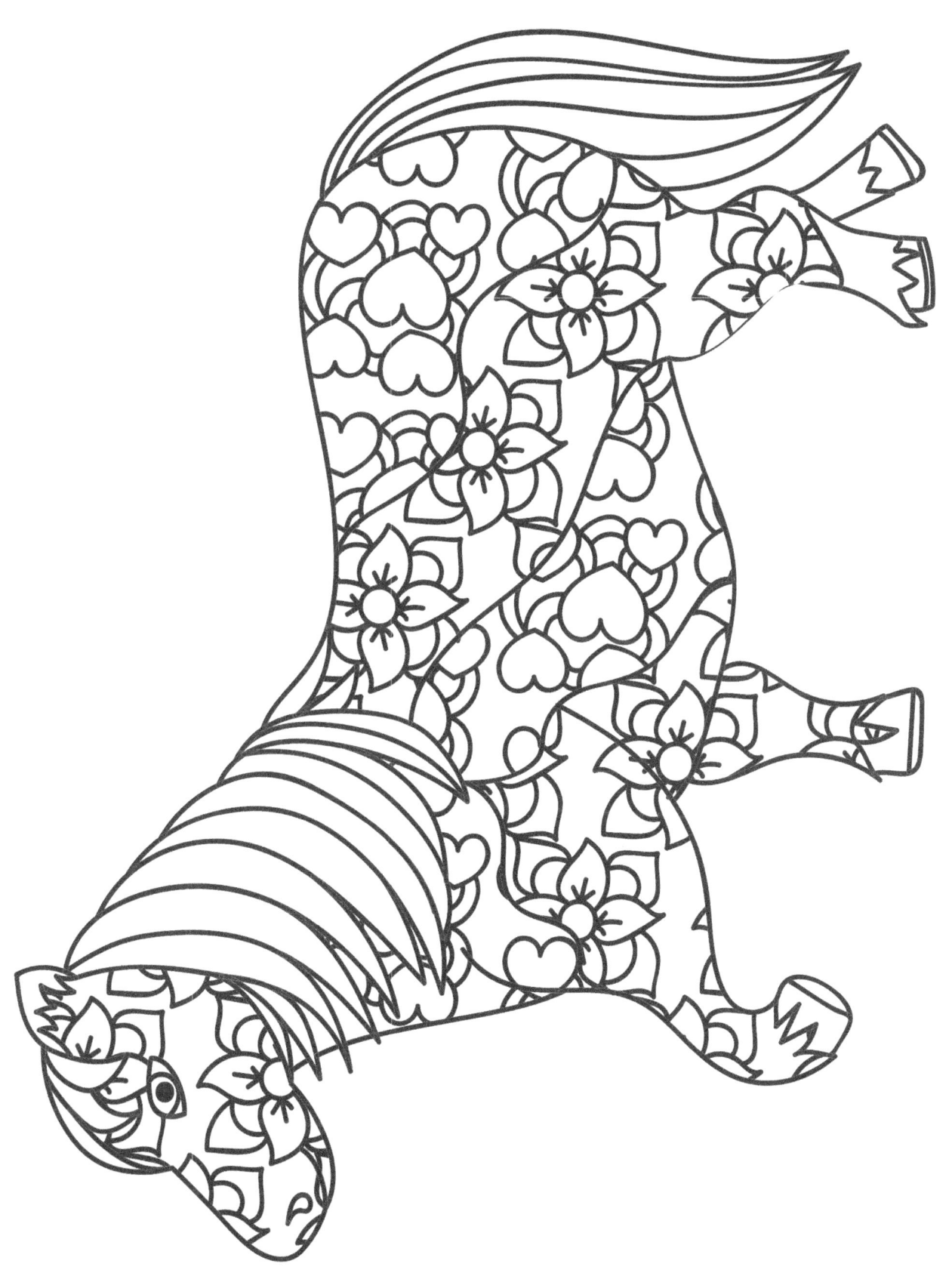

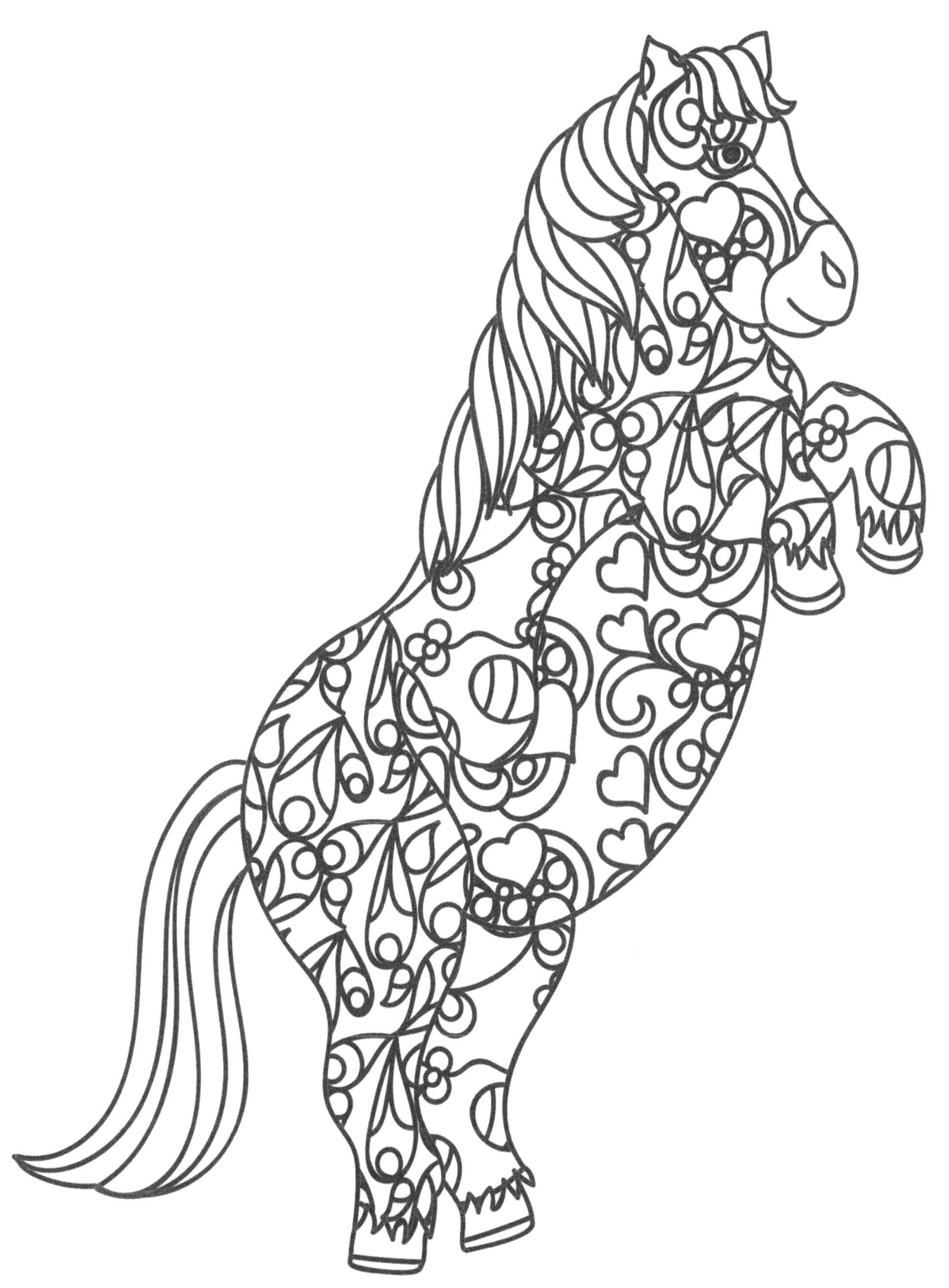

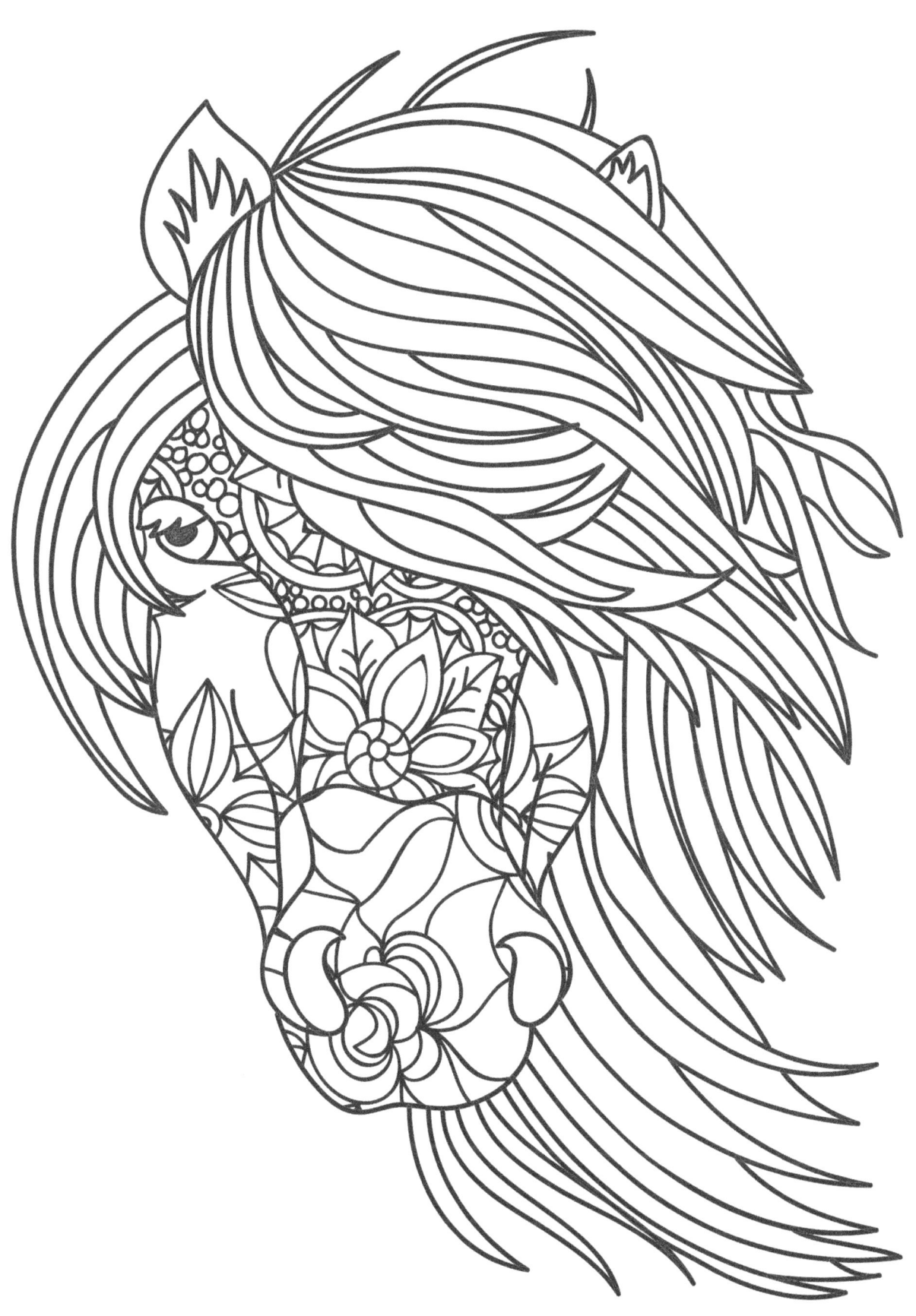

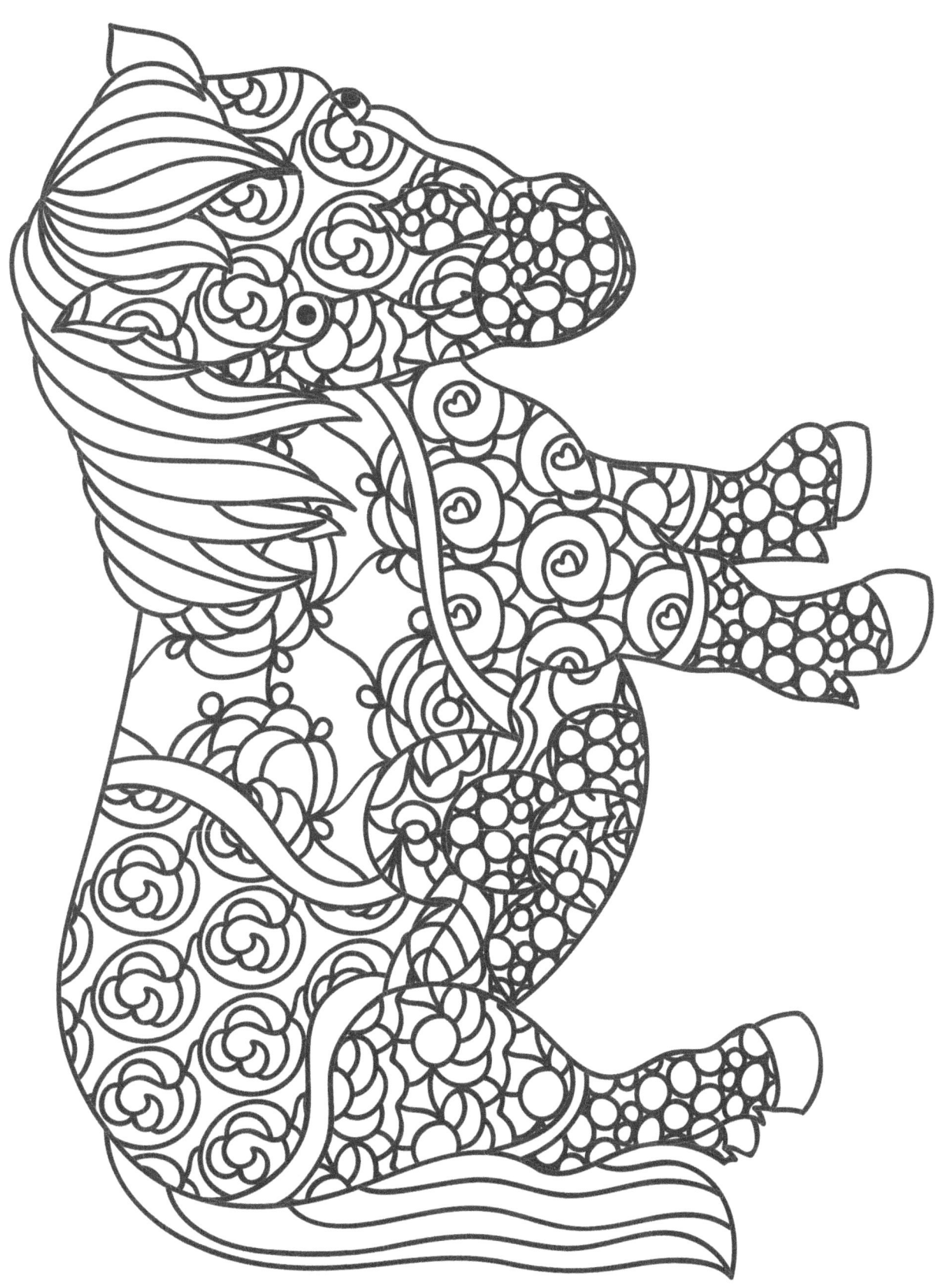

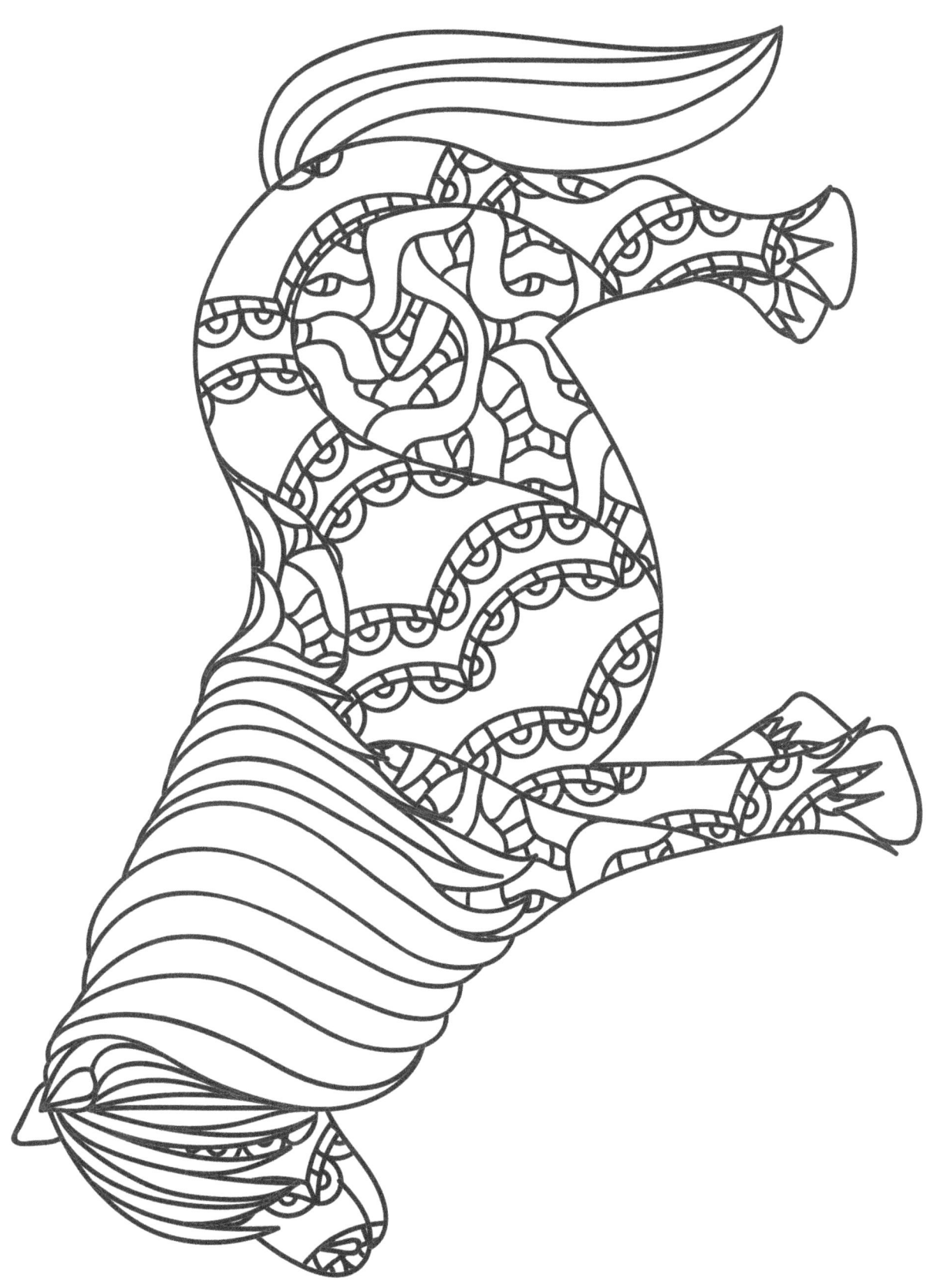

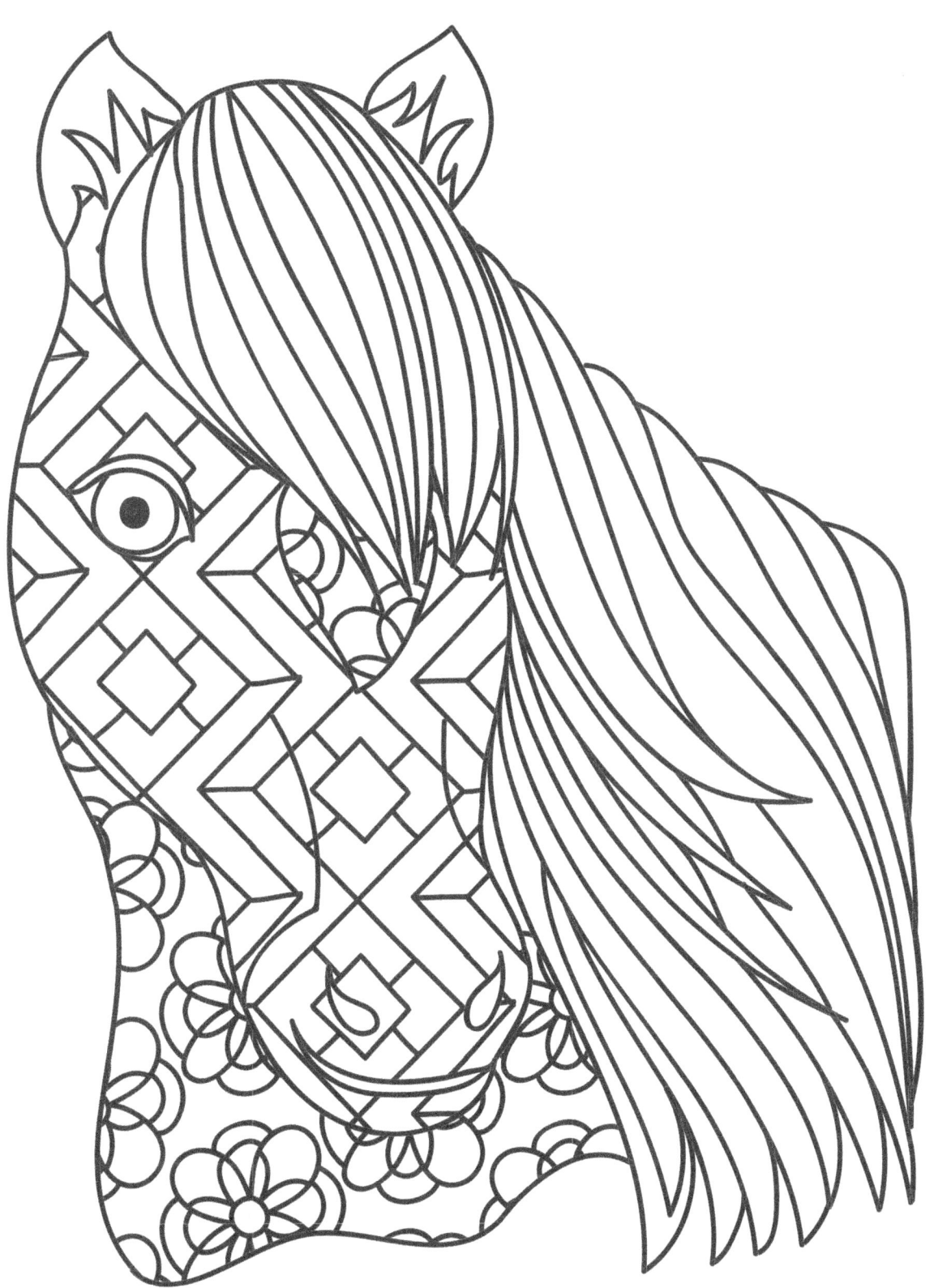

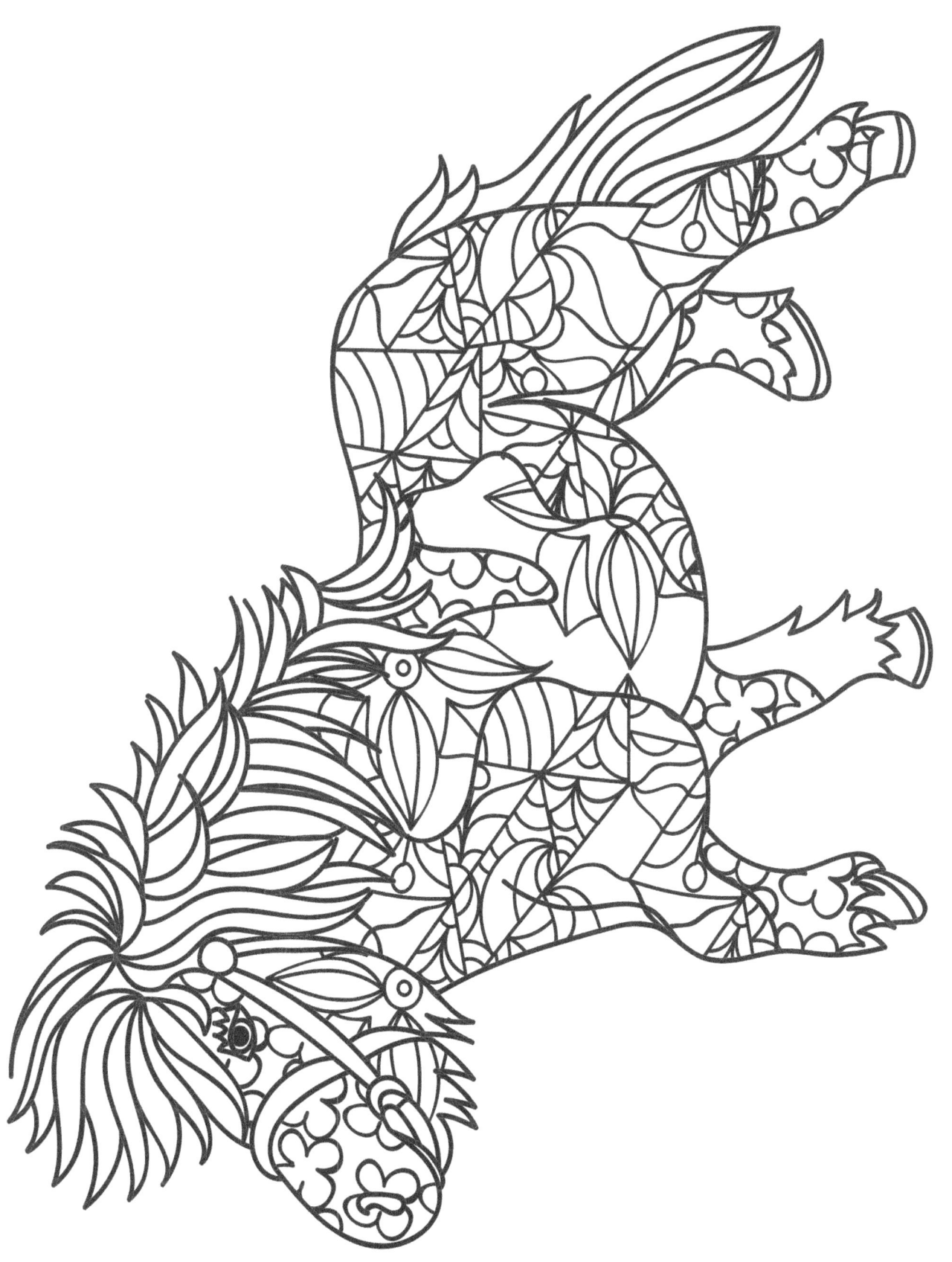

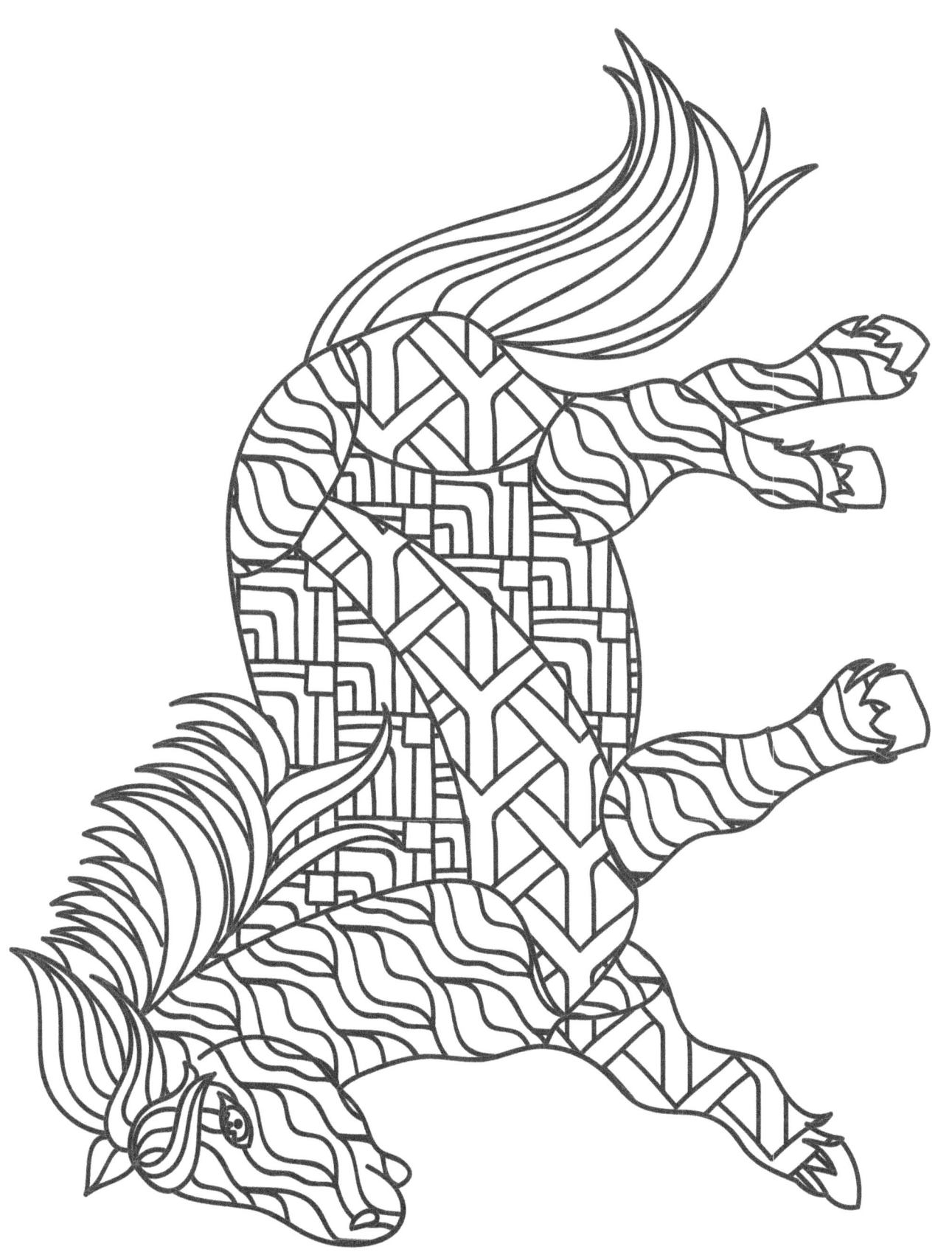

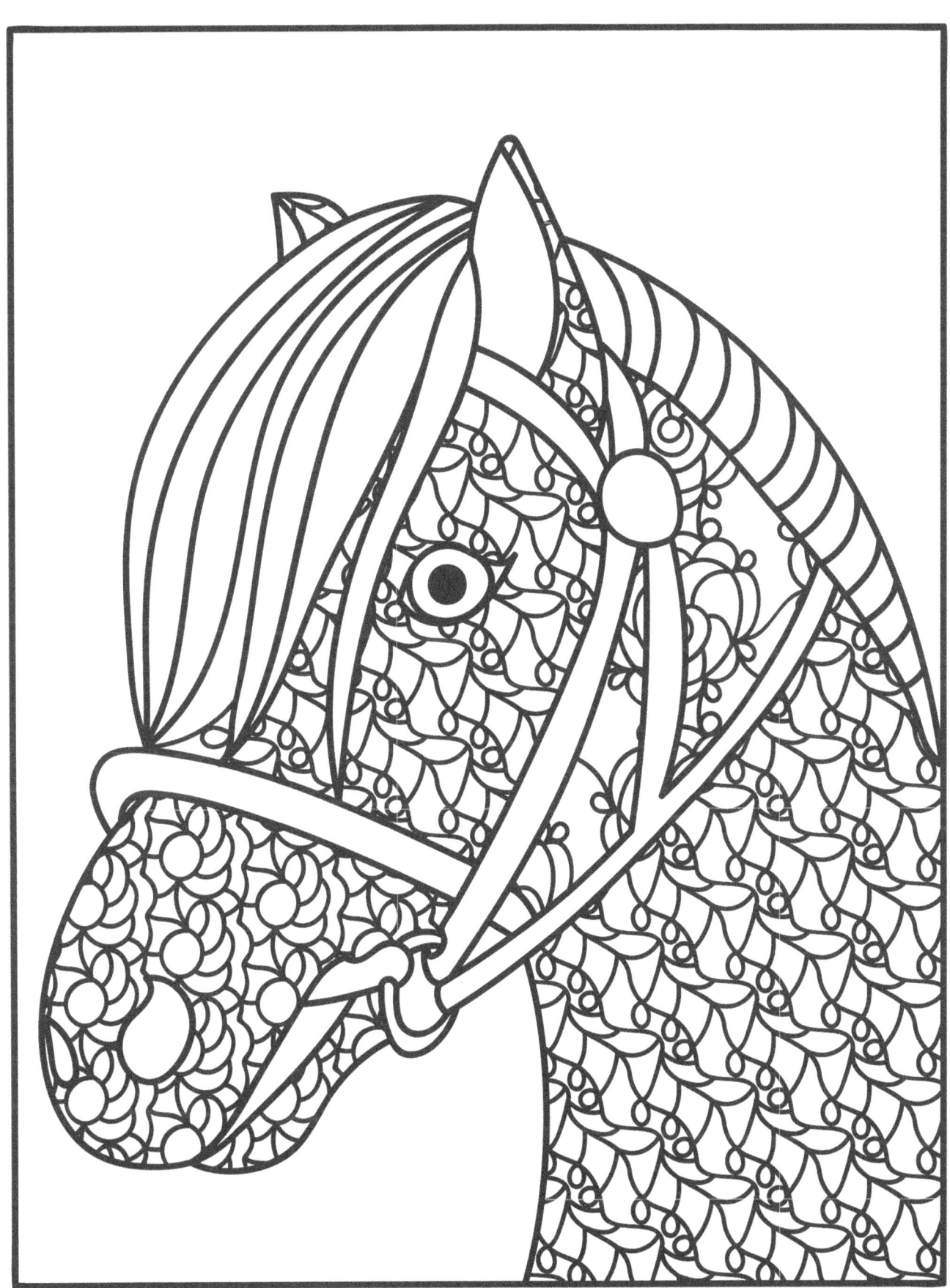

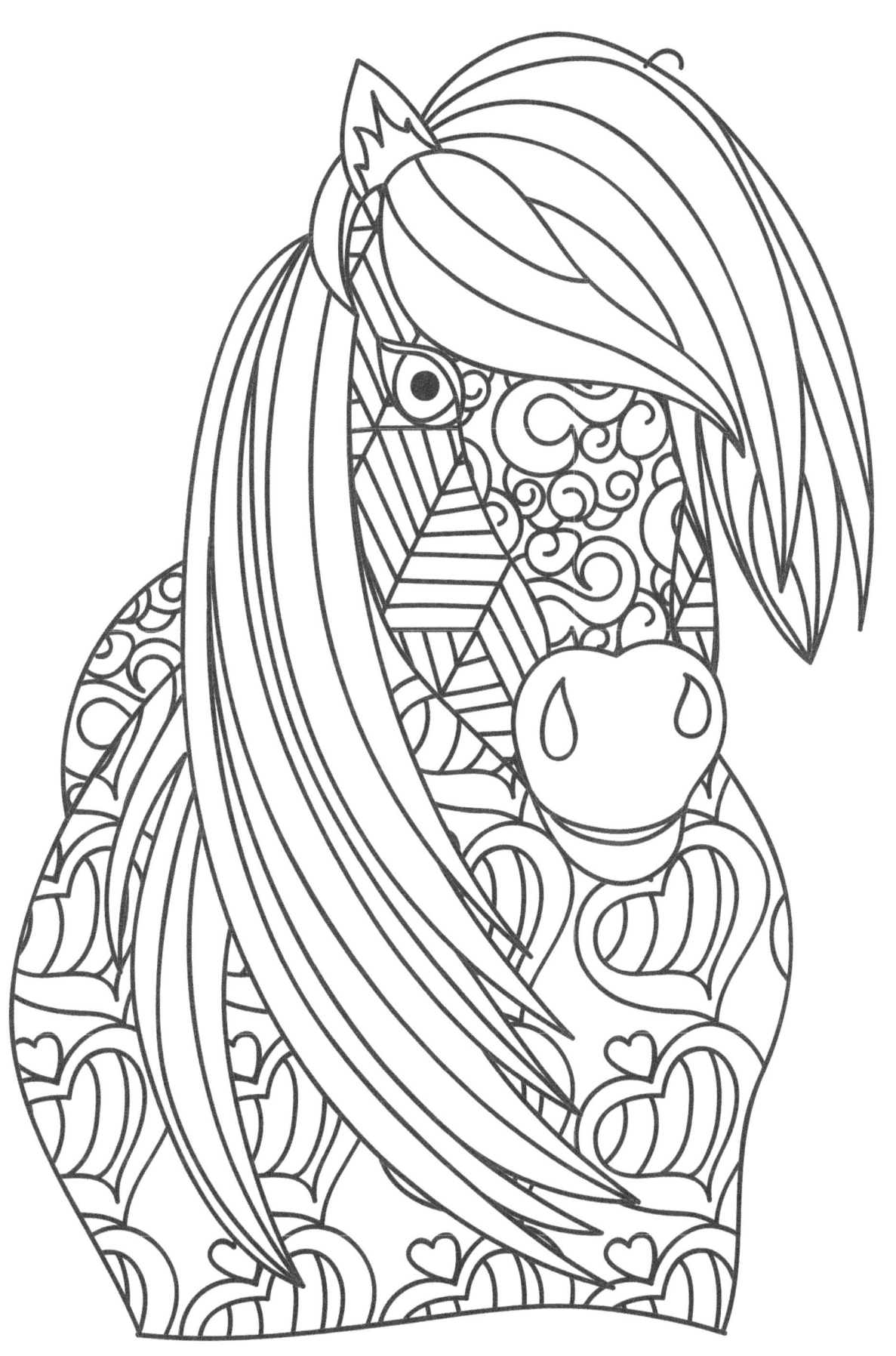

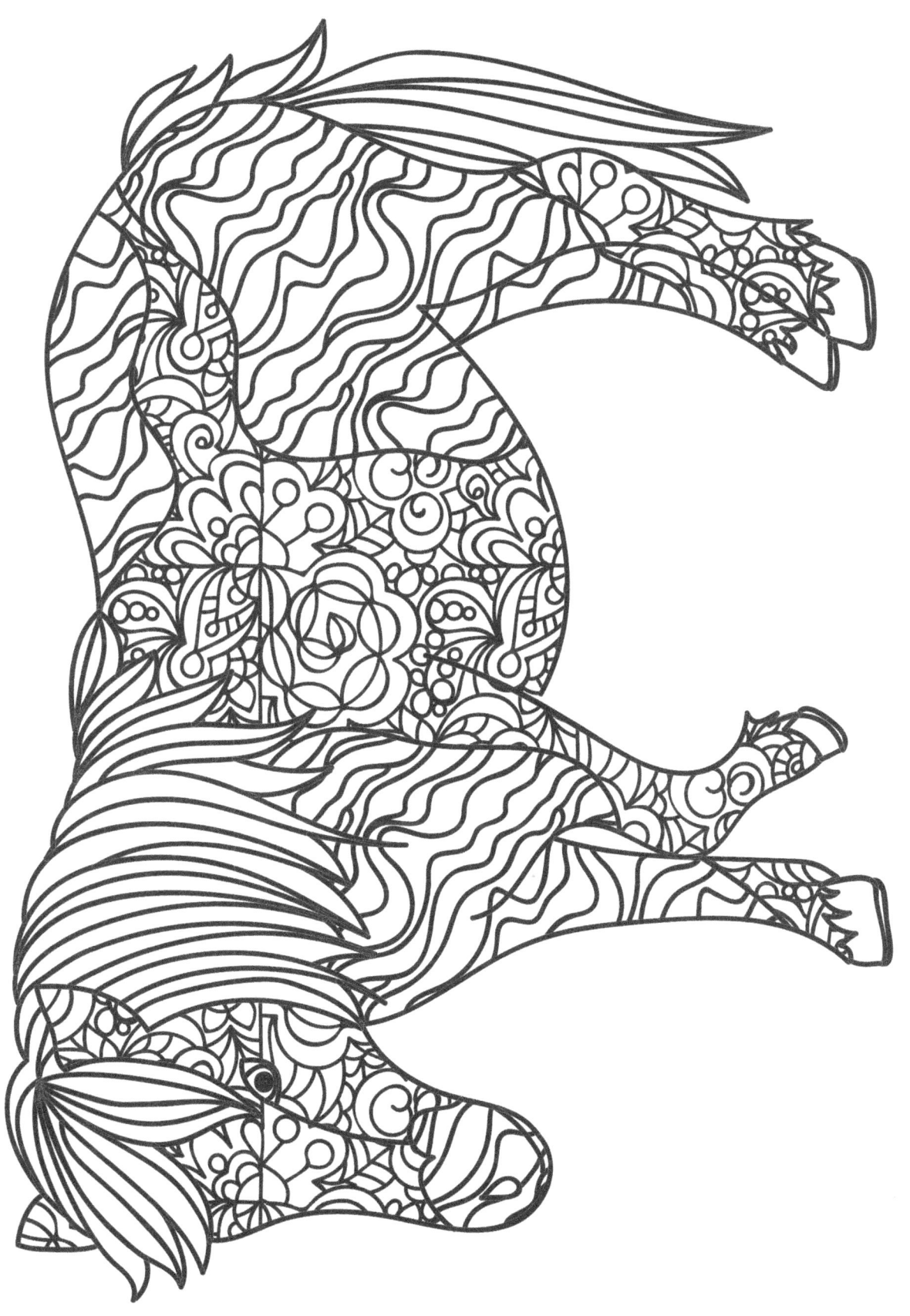

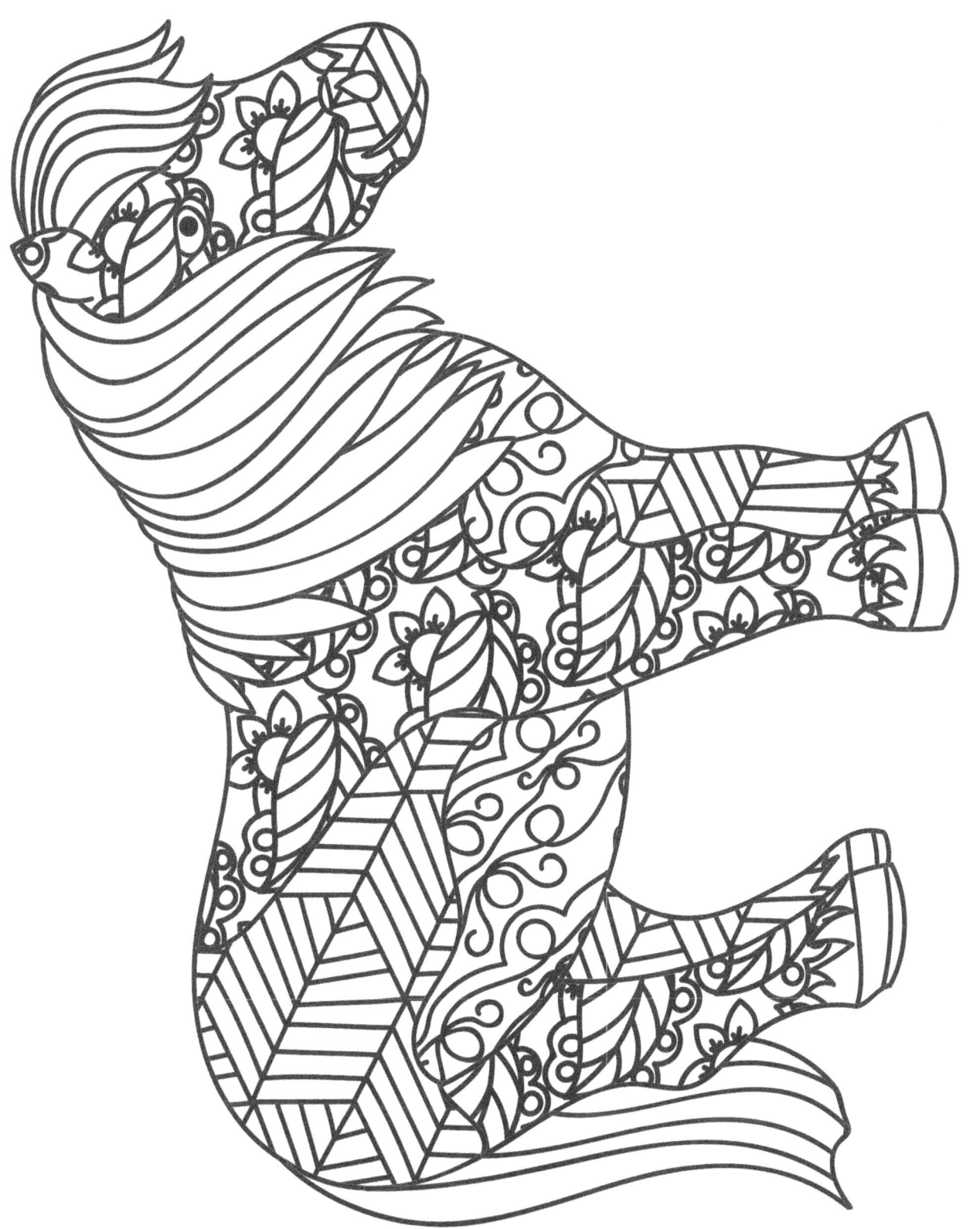

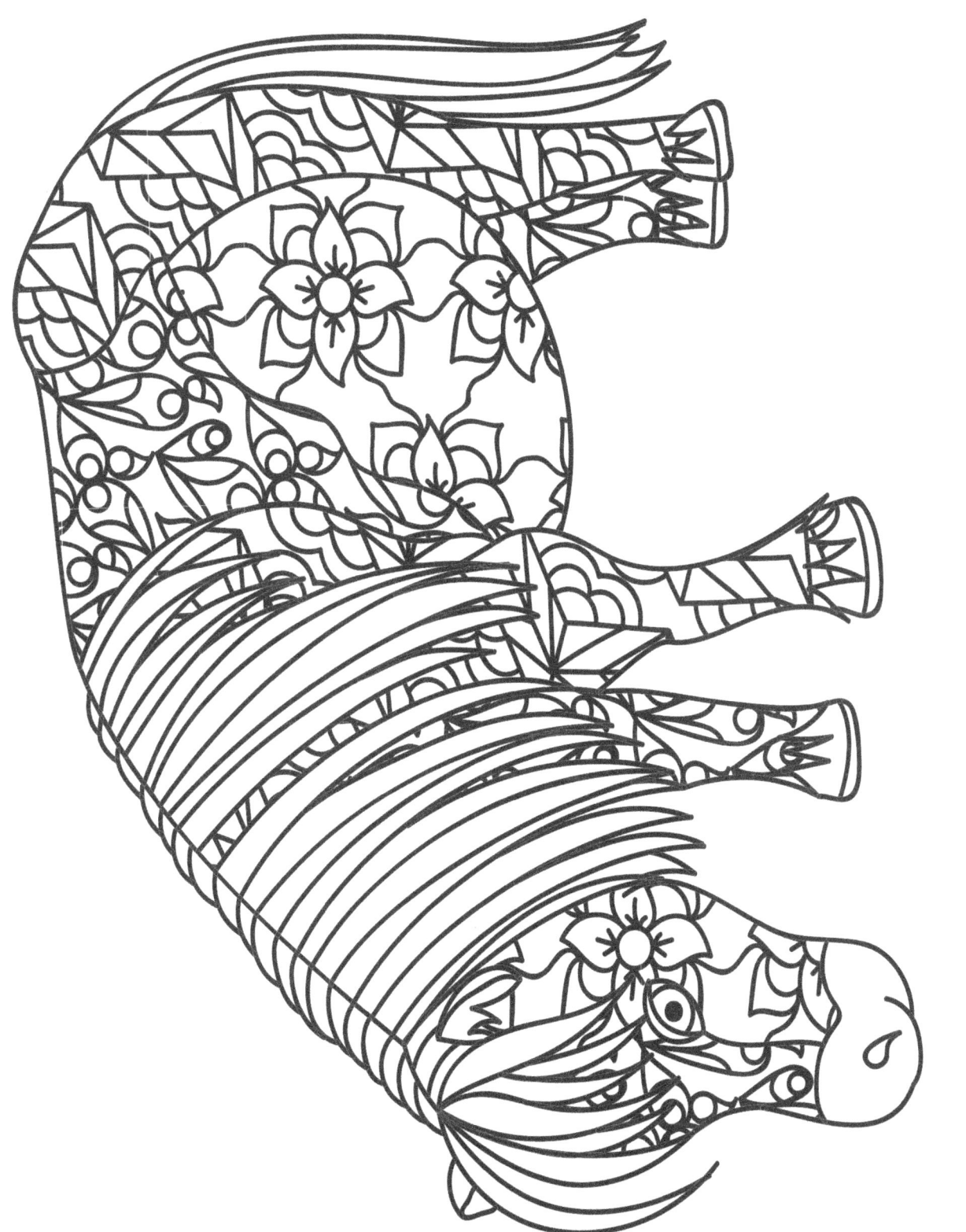

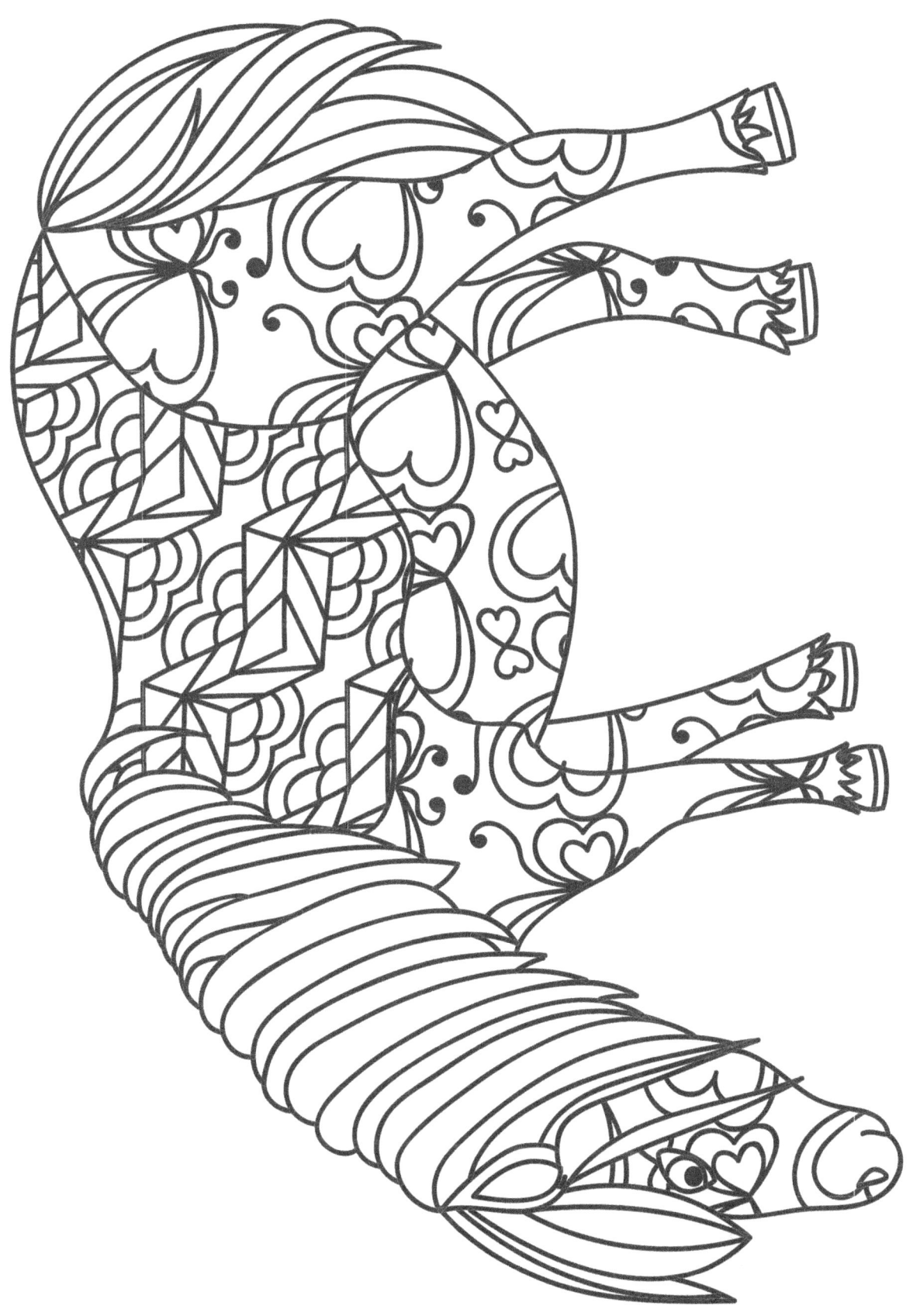

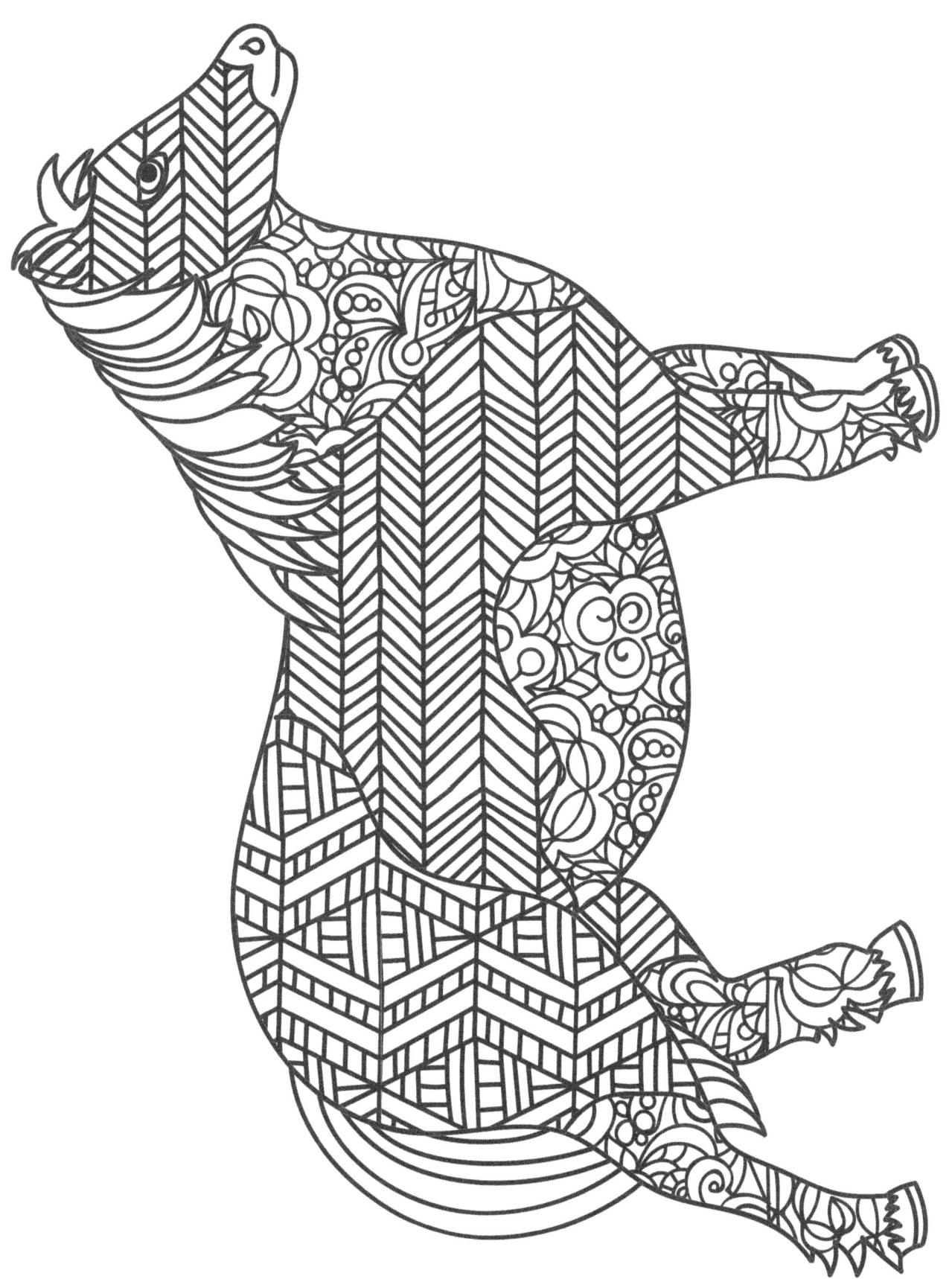

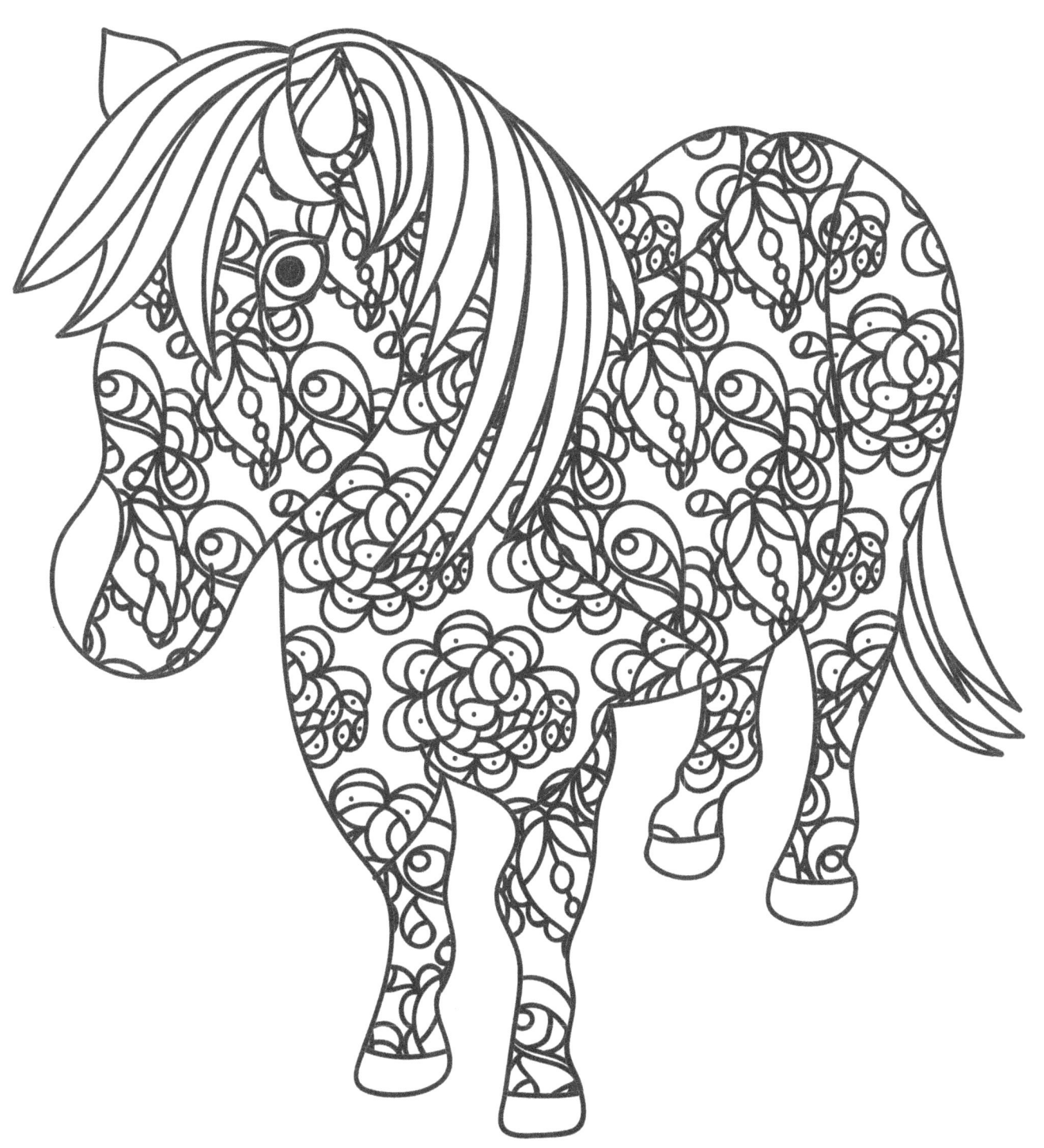

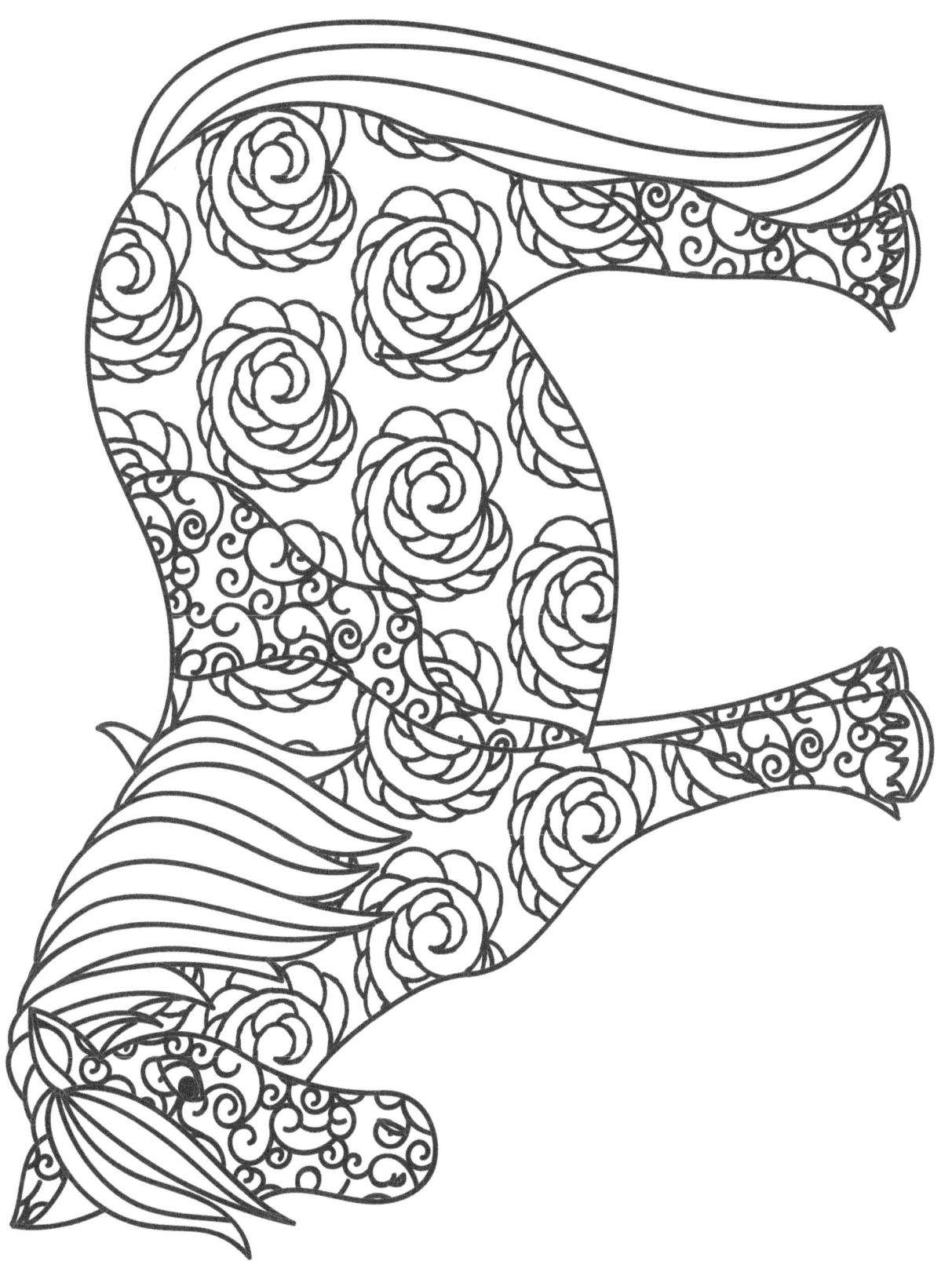

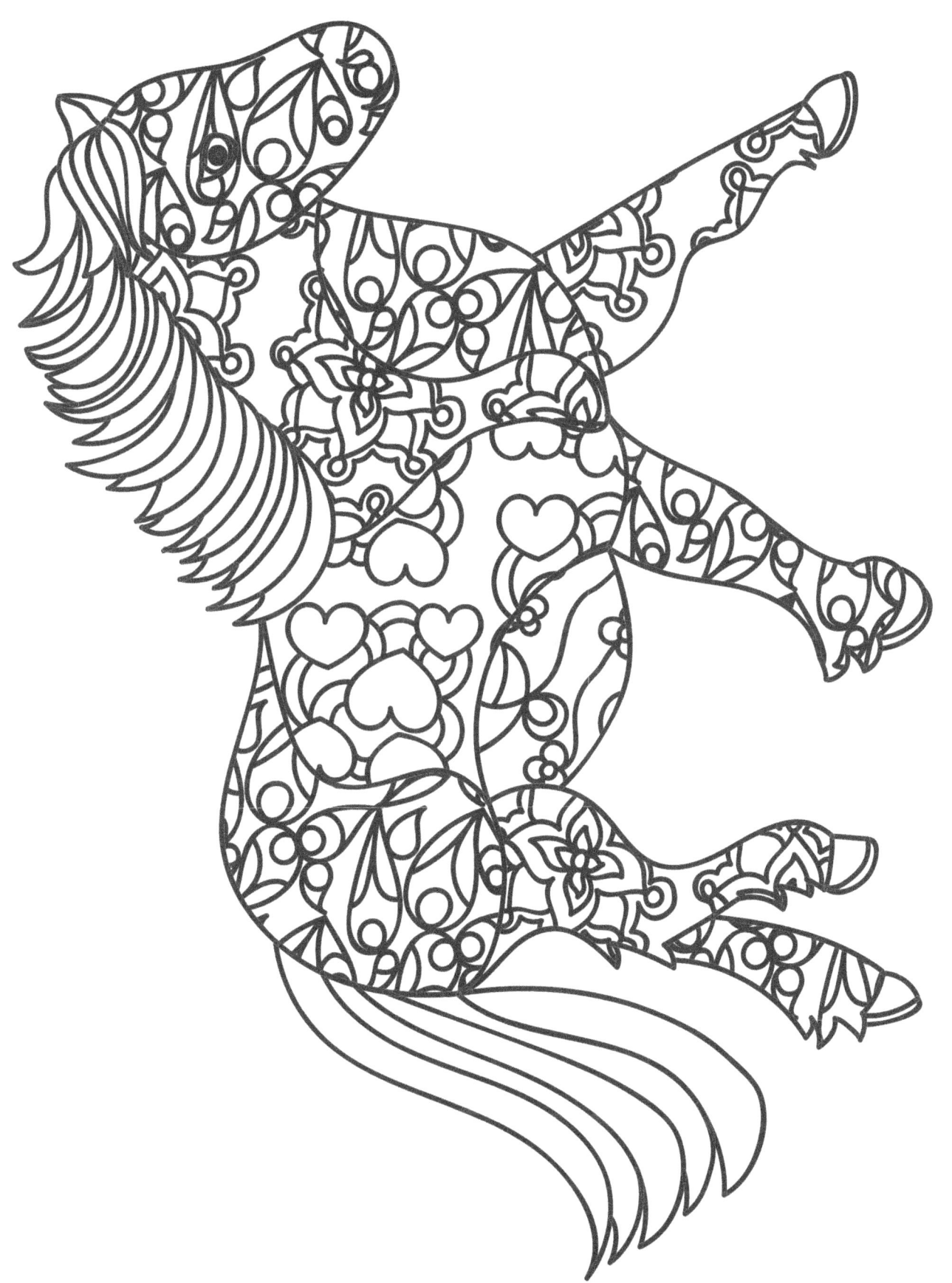

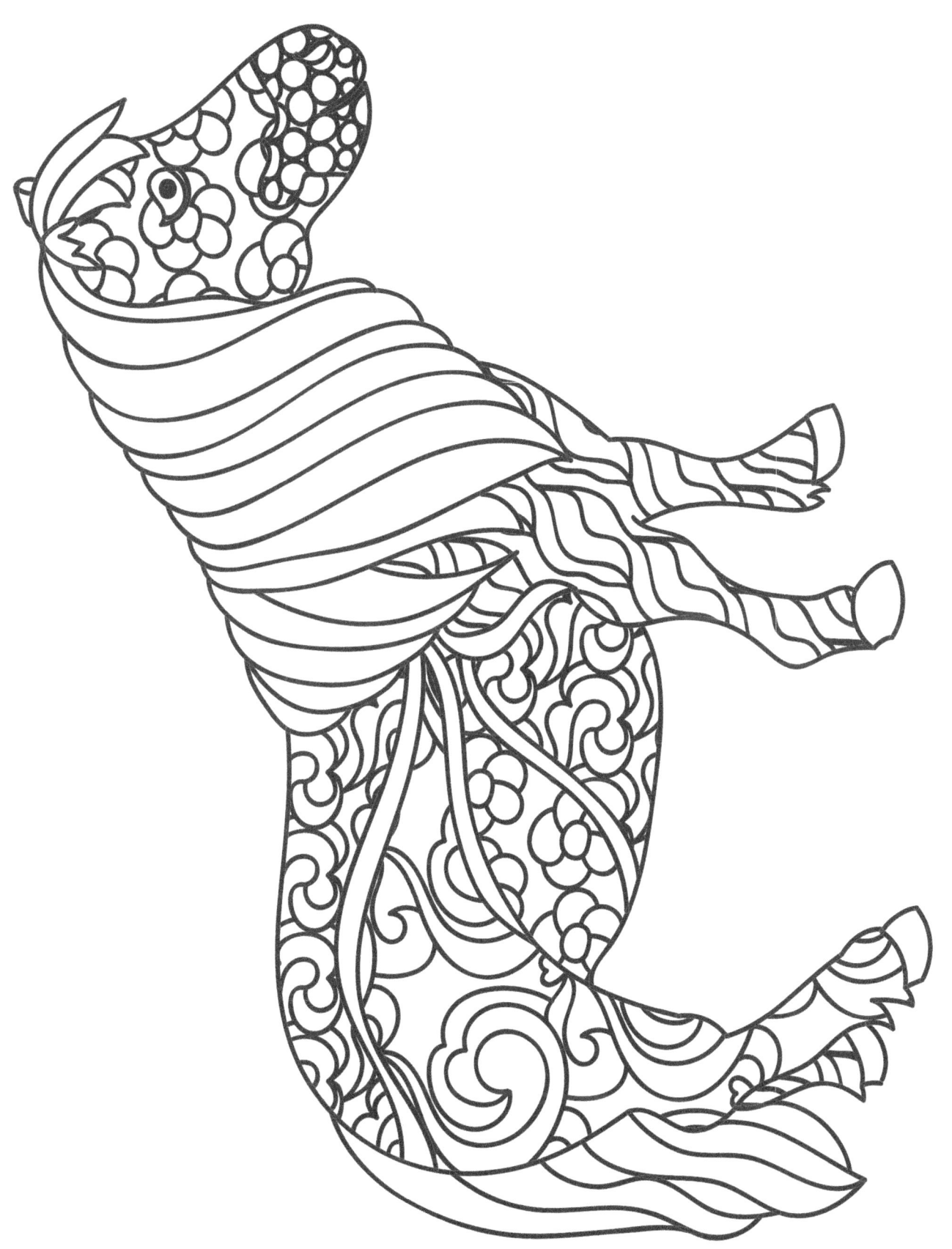

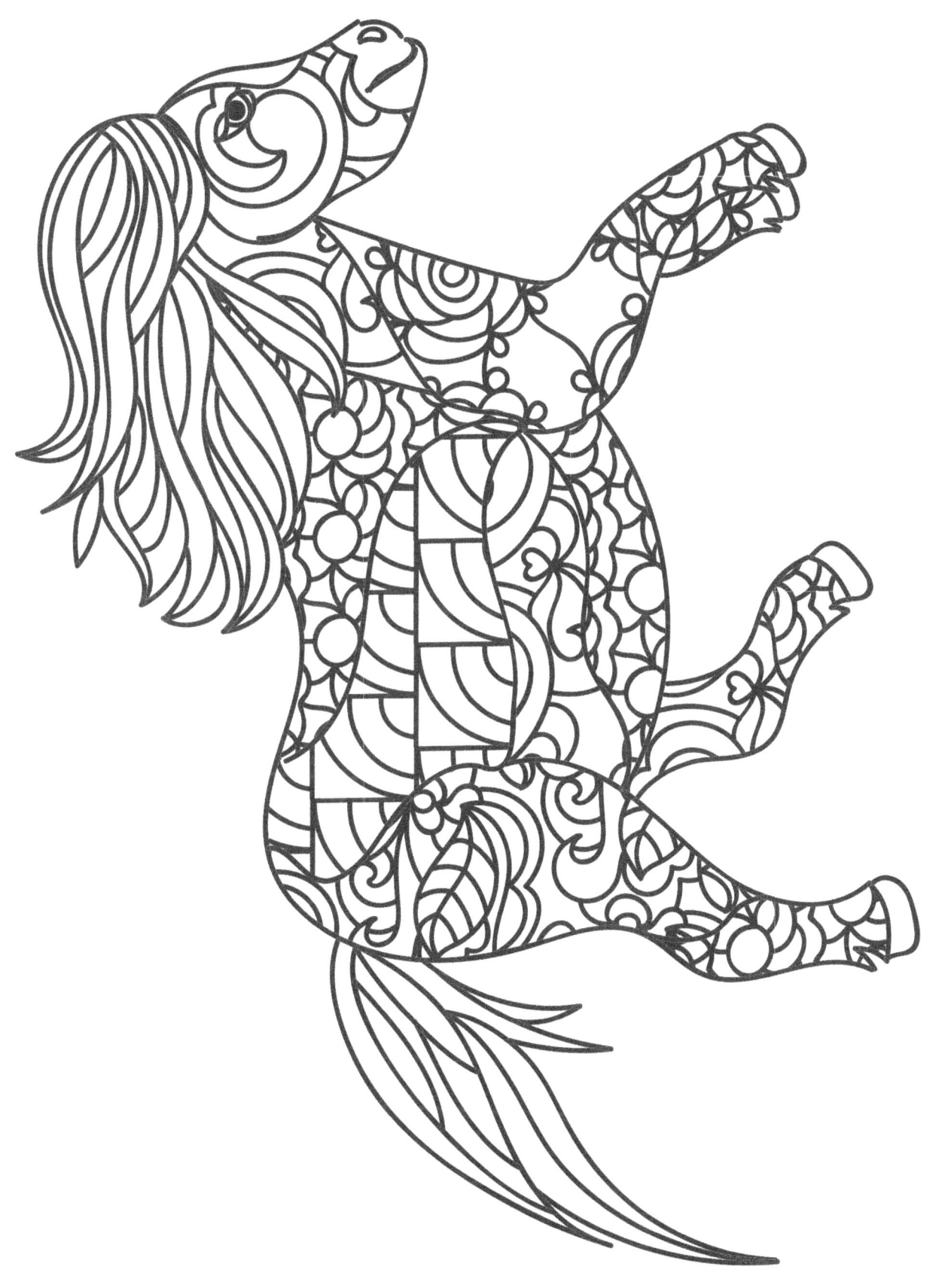

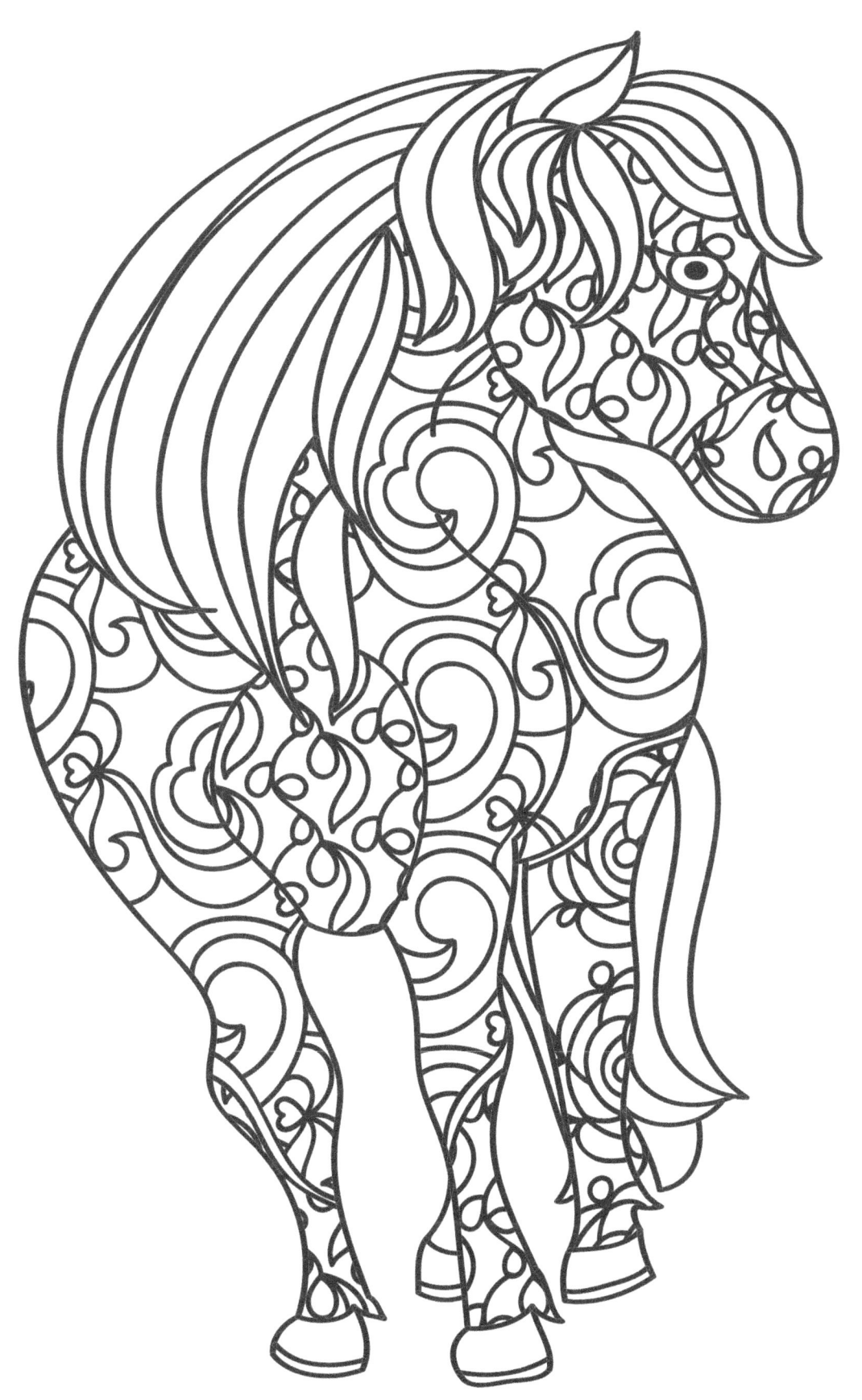

PAGE DE TEST DE COULEUR

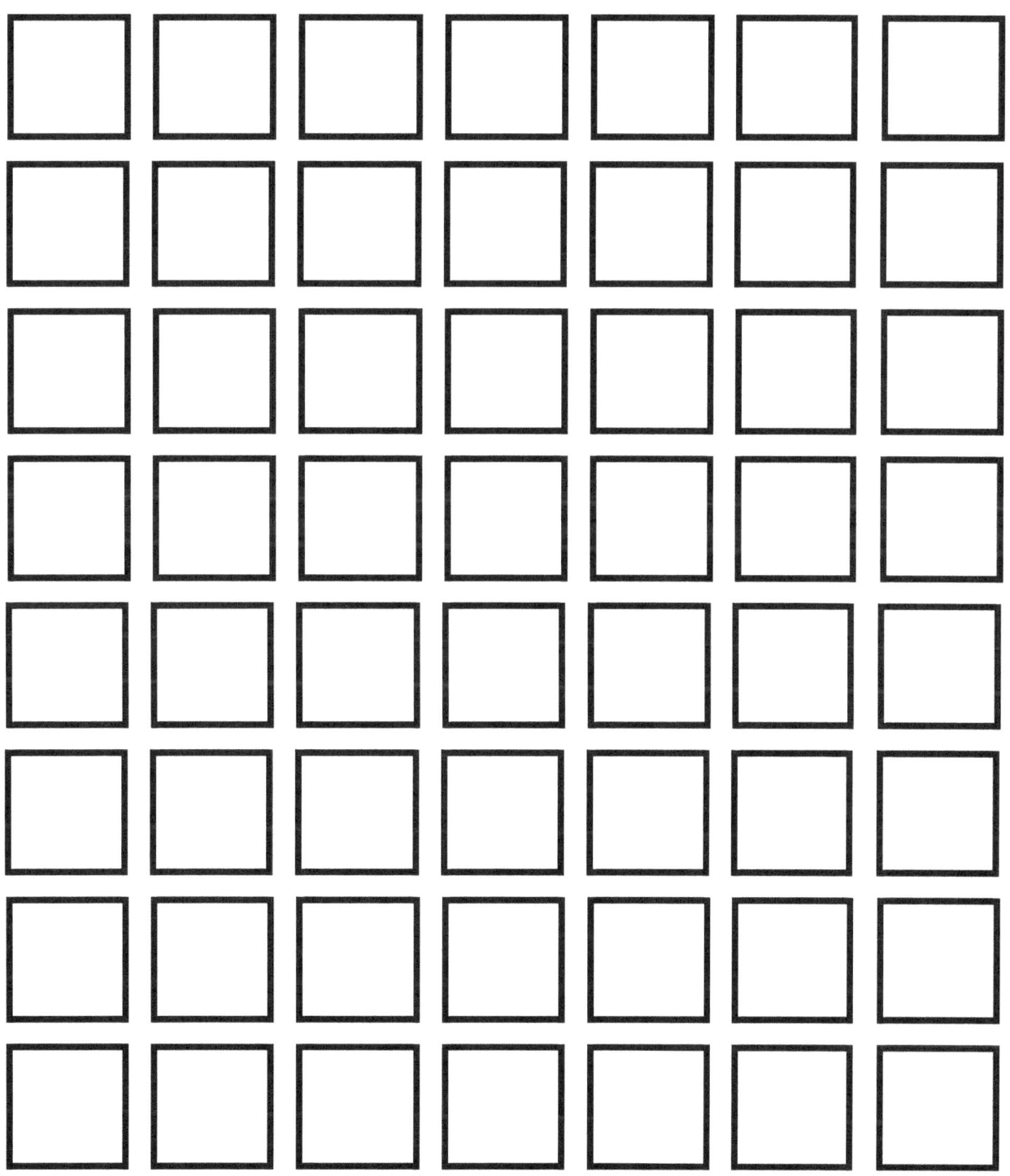

PAGE DE TEST DE COULEUR

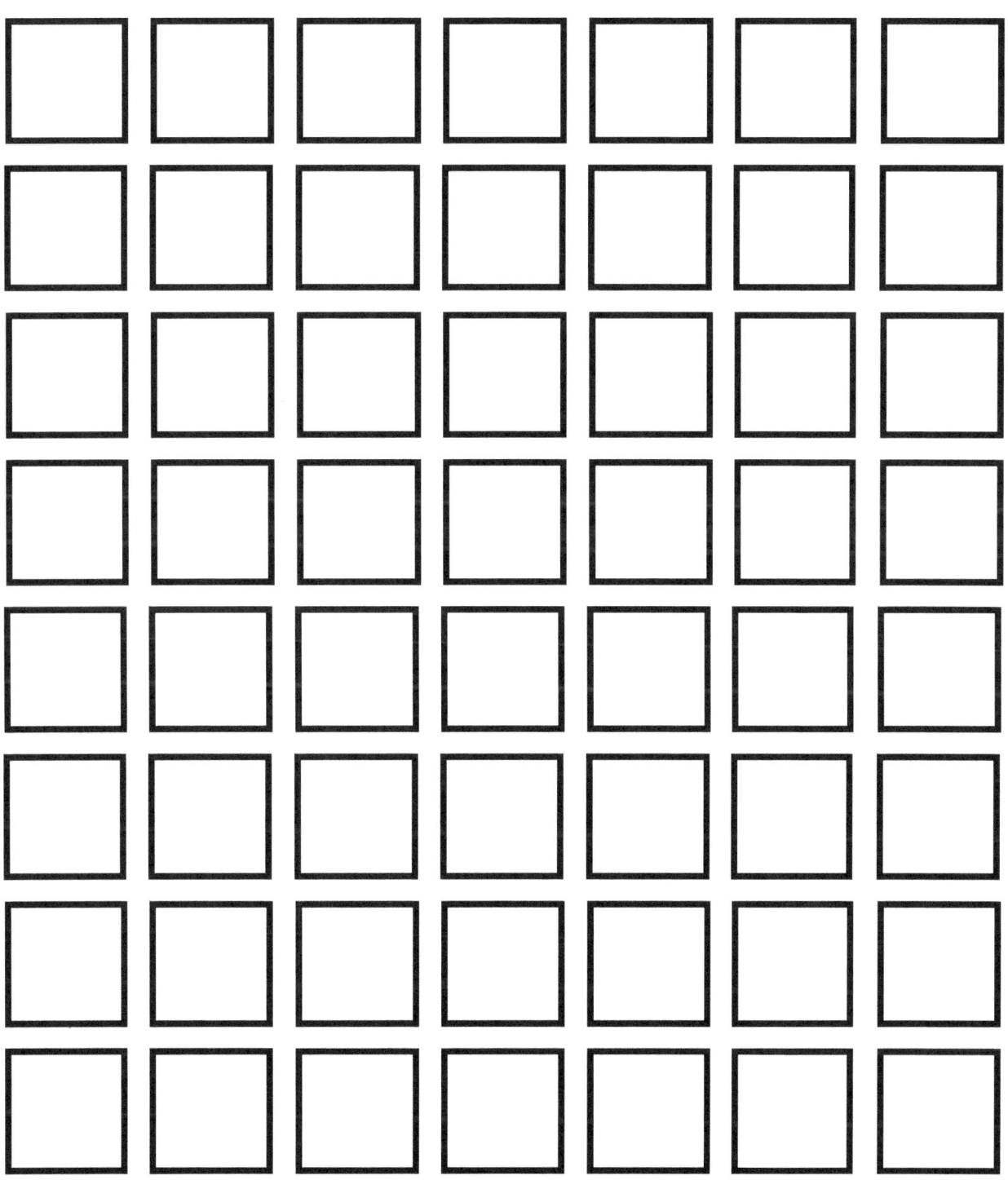

www.ingramcontent.com/pod-product-compliance
Lightning Source LLC
Chambersburg PA
CBHW081615220526
45468CB00010B/2895